农村社会法治论

李育全 著

云南大学出版社

图书在版编目（CIP）数据

农村社会法治论/李育全著.—昆明：云南大学出版社，2009
ISBN 978-7-81112-954-0

Ⅰ.农… Ⅱ.李… Ⅲ.农村—法治—研究—中国 Ⅳ.D920.0

中国版本图书馆 CIP 数据核字（2009）第 194272 号

农村社会法治论

李育全 著

策　　划：	纳文汇
责任编辑：	纳文汇　段义珍
封面设计：	安　宁
出版发行：	云南大学出版社
印　　装：	昆明市西山新雅彩印厂
开　　本：	850mm×1168mm　1/32
印　　张：	6.375
字　　数：	167 千
版　　次：	2009 年 11 月第 1 版
印　　次：	2009 年 11 月第 1 次印刷
书　　号：	ISBN 978-7-81112-954-0
定　　价：	15.00 元

地　　址：昆明市翠湖北路 2 号云南大学英华园内（邮编：650091）
发行电话：0871-5033244　5031071
网　　址：www.ynup.com
E-mail：market@ynup.com

目 录

绪论 …………………………………………………………（1）

第1章 一种视角与进路的探讨 ………………………（13）
1.1 问题的提出 ……………………………………………（13）
1.2 找准中国社会法治建设的切入点 ……………………（15）
1.3 探索中国特色法治之路的基本依据 …………………（19）
1.4 核心概念的界定 ………………………………………（25）

第2章 农村社会法治化的定位 ………………………（32）
2.1 农村社会的概念和特征 ………………………………（33）
2.2 中国社会结构二元分层的意义 ………………………（39）
2.3 农村社会在我国法治化进程中的地位 ………………（43）
2.4 影响农村社会法治建设的主要因素 …………………（46）
2.5 农民法治观念的误区 …………………………………（51）

第3章 农村社会中国家法的审视 ……………………（59）
3.1 国家法的含义、本质和特征 …………………………（59）
3.2 农村社会法治化进程中国家法的局限性 ……………（61）

第4章 农村社会中民间法的演进 ……………………（84）
4.1 什么是民间法 ……………………………………（84）
4.2 民间法的内容 ……………………………………（91）
4.3 民间法的渊源 ……………………………………（107）
4.4 民间法在农村社会中的地位和作用 ……………（112）

第5章 农村社会中国家法与民间法的互动 ……………（117）
5.1 国家法与民间法的异同 …………………………（118）
5.2 国家法与民间法的冲突 …………………………（124）
5.3 国家法和民间法的互动 …………………………（133）

第6章 农村社会法治化的解读 …………………………（143）
6.1 农村社会法治化进程中国家法的困境 …………（144）
6.2 农村社会法治化进程中的主要问题及其成因 …（149）
6.3 农村社会法治化的思考 …………………………（159）
6.4 农民法治观念的引导 ……………………………（167）

第7章 农村社会法治化的途径 …………………………（171）
7.1 改善农民生活是农村社会法治化的基础 ………（172）
7.2 农民当家作主是农村社会法治化的前提 ………（176）
7.3 提高农民素质是农村社会法治化的条件 ………（181）
7.4 依法办事是农村社会法治化的保障 ……………（187）
7.5 精神文明建设是农村社会法治化的载体 ………（188）

后 记 ………………………………………………………（193）

参考文献 …………………………………………………（196）

绪　论

> 法治应包含两重含义：已成立的法律获得普遍的服从，而大家服从的法律又应该本身是制订得良好的法律。
> ——［古希腊］亚里士多德

自近代以来，中国一直在探索自己的强国之路，从洋务运动引进西方先进技术，到戊戌变法引进西方文明制度，开始学习西方法律制度的进程。此后，中国走上了法制现代化的探索道路，这条道路艰辛而曲折，其中以"走什么样的法制道路"问题争论较多。换言之，一个世纪以来，中国法学界和中国法律人都在孜孜以求地探索中国法制现代化之路。"中国现代法治伴随着现代化的启动而启动，并正在推进之中。我们是沿着怎样的路径，经历了怎样的抉择走到今天，还将怎么走向未来，是值得反思和思考的。从基点、区域、文化和性质四大方面来看，中国现代法治是中国的还是世界的，是城市的还是农村的，是传统的还是现代的，是革命的还是建设的，都难以一言以蔽之。"① 在改革开放以后，

---

① 卓泽渊：《中国现代法治的反思》，《政法论坛》，2007年第3期，第114页。

尤其是"依法治国"方略的提出,法学日益成为一门热门学科,法学研究空前繁荣,各种理论层出不穷。在如何处理西方法律制度与中国传统文化的关系上,出现了"法律移植"、"本土资源论"、"权利本位论"、"法律文化论"等法学流派,尽管这些流派并不是完全地相互排斥、水火不相容,而是相互有交叉,甚至只是以谁为主的问题,但是无疑开启了中国自身法学的构建,开启了中国自身法学流派的发端,对于中国法学乃至世界法学都具有很重要的学术价值和意义,影响也许是深远而长久的。

1. "本土资源论"的兴起

1996年苏力先生出版了《法治及其本土资源》[①]一书,正式提出了"法治本土资源"的概念[②],至于在论文中的使用应该更早。[③] 这在中国法学界引起了一些动静(苏力语),赞许和批评兼而有之。苏力教授提倡法治的本土资源以及对我国的法治现状所进行的深刻剖析,引起了法学界对中国法治化进程和理论建构的反思,也引起了人们对本土资源的热烈讨论。更为难得的是在这种激烈的学术争论中,出现了中国法学研究视角的转换,从移植西方法治理论和法条注释转向研究中国自身的法治问题。[④]

---

① 苏力:《法治及其本土资源》,北京:中国政法大学出版社,1996年版。
② "本土资源"仅仅是作为一个概念提出,我们并没有称之为理论,苏力先生也没称之为理论,至于原因后文会有论述。
③ 比如《变法、法治及其本土资源》一文曾发表在《中外法学》1995年第5期。
④ 通常,"法治"是一种动态的行为,在英文中被译为 Rale of Law 或 Legality,而"法制"是一种静态的制度,在英文中被译为 Legal system。参见杨绍华《"法治"与"法制"》,《理论月刊》,1999年第1期,第21页。尽管法治与法制有很大的区别,但为了表达方便,本书中"法治"与"法制","法治建设"与"法制建设"可以相互换用,未作严格意义上的区分。

二十年来出现了一大批研究中国自身法治问题的学者,其中以苏力、梁治平、田成有等人为代表,主要关注中国乡土社会的法治建设问题,着力找到中国自身的法治因子和实现法治的途径;以张晓辉、吴宗金、吴大华、方慧等为代表,主要关注中国乡土社会(尤其是少数民族地区)的民族法制建设问题,着力探讨中国民族地区社会稳定和社会控制的机制。① 更为可喜的是出现了专门登载研究"民间法"的刊物,即山东大学谢晖、陈金钊主编的《民间法》年刊,至今已出版8卷,为研究中国本土资源的法治问题提供了专门的理论园地和舞台。②

2000年苏力教授出版了《送法下乡——中国基层司法制度研究》(以下简称《送法下乡》)③,再次把"本土资源论"推向了纵深,并对理论界的质疑作了一些回应。该书也是一部研究中国法治问题的力作,尽管也有一些争论,但动静与《法治及其本土资源》相比要小得多,其实原因很简单,因为两部书的视角是一样的,都是关注中国自身的问题,甚至是关注中国底层社会的问题,即乡土社会的法治问题。从这个意义上讲,《送法下乡》在很大程度上是丰富了"本土资源论"的内容,为这一思路和视角找到了更为具体翔实的资料,论证更加充分,也为其内涵增加了新的活力。"在《送法下乡》中,作者延续了《法治及

---

① 当然除了这些学者也还有很多学者研究中国法律问题,比如部门法学的学者,他们研究的也是中国的法治问题,但我们列举的主要是与"本土资源"比较紧密、侧重于法理学、法哲学的研究范畴。

② 细心的读者也许会发现,这本刊物正在试图努力拓展空间。比如《民间法》第4卷就刊登了几篇外国人的研究论文,如:[韩] Chongko Choi 著,吕廷君、王雯译:《东亚的儒家法律文化及其全球化》,《民间法》第4卷,第1页;[日] 寺田浩明著,郑芙蓉、魏敏译:《中国契约史与西方契约史》,《民间法》第4卷,第11页;等等。

③ 苏力:《送法下乡——中国基层司法制度研究》,北京:中国政法大学出版社,2000年版。

其本土资源》的思路,还扩大了'本土资源'的范围。"① "《送法下乡》给人留下深刻印象的还有作者独到的视角和独特的研究方法。从《法治及其本土资源》中秋菊的困惑到本书中诸多问题的提出和分析,都能让人对此有深切的体会。"②

2005年我国著名学者邓正来先生发表了《中国法学向何处去(下)——对苏力"本土资源论"的批判》③的论文,对包括"本土资源论"、"权利本位论"、"法律文化论"、"法条主义"在内的法学流派进行了梳理和批判,再次掀起了人们对"本土资源论"的讨论热潮,"本土资源论"将再次成为一个众人关注的焦点。

2. 对"本土资源论"的批判

"本土资源论"的提出,在中国法学界产生了很大的影响,弘扬称颂者有之,批评质疑者有之。但批判本身也是一种研究,也是一种关注,甚至出现了一些专门研究"本土资源"的学者。"在当代中国法学语境中,苏力的《法治及其本土资源》已经成为十分重要的文本。该文本以独特的叙事方式和叙事立场,质询了陈旧的法学意识形态,释放了被忽视、被压抑而本身又应该具有自在自为资格的话语理路,从而开启了本土法学构建的新视

---

① 萧瀚:《解读〈送法下乡〉》,《中国社会科学》,2002年第3期,第95页。
② 张芝梅:《〈送法下乡〉:一个读本》,《中国社会科学》,2002年第3期,第112页。
③ 邓正来:《中国法学向何处去——对苏力"本土资源论"的批判》,《政法论坛》,2005年第3期,第52—72页。

域。"① "对于当时那种相当教条的基本上还停留在'口号'或'法条'层面的中国法学来说,'本土资源论'的出现并在这些方面所作的努力确实构成了颇为强大的冲击力,甚或在推动中国法学转向的方面也起到了较大的作用。实际上,中国法学论者在某种程度上也承认了这个事实,更为确切地说,无论批评苏力的观点还是赞扬苏力的观点,一些论者围绕苏力观点展开讨论这个事实本身,一定程度上也意味着这种冲击力的存在。"②

学术批评是学术繁荣的关键,学术最大的特征就在于包容性,可以包容不同的观点,在证明或证伪中实现自我发展。一种学术思潮的生命力是否持久,就看能否经得起时间和发展的检验。因此,批评也好、质疑也罢,对于促进学术繁荣是大有裨益的,对于促进理论自身的完善与发展也是有益的,只要不是人身的攻击,那么批评本身也是学术事业的一部分。在这个意义上,我们可以肯定地说"本土资源论"带动了法学的繁荣,至少对法学的繁荣与发展起到了推动和促进作用。如果没有学术批判,学术就会缺乏活力。如果中国法学连批判的对象都没有,那么中国法学的发展也不会快,也不会充满活力。最近二十年中国法学的繁荣很大程度上得益于这种批判和争论。

对"本土资源"的批判主要有三种方法,一种是贴标签法,一种是列举法,一种是综合法。贴标签法往往冠以"法治保守主义"、"法治本土化"、"后现代主义"等标签,进行抽象性、整体性的批判;而列举法则主要就文章中的具体字句进行归类批评;综合法则抽象与具体兼而有之,对被批评对象进行全面批判。

---

① 刘星:《解读本土法律文化的一种独特方式》,《民主的一个叙事立场》,北京:法律出版社,2001年版,第214页。
② 邓正来:《中国法学向何处去——对苏力"本土资源论"的批判》,《政法论坛》,2005年第3期,第56页。

著名学者谢晖教授认为，我国出现的法治保守主义主要是指以本土资源为主建设中国法治的理论主张，并将其分为三类：一是文化性质决定论者，认为中国文化的特质是礼教型，不可能胎生出法治来，而相沿成习的文化传统也不容易改变，应当渐进改革，代表人物为梁漱溟、谢遐龄、武树臣三位先生。二是"同情理解论"者，它与文化性质决定论者的区别在于前者对中国传统文化具有较强的情感倾向，而后者只强调"同情的理解"，代表人物为梁治平先生。三是"科学"法文化论者，以吉尔兹关于"法律是地方性知识"的判断为科学的理论基点，说明中国的法治只能是中国地方性的，代表人物为苏力先生。①

刘大生先生认为，苏力"本土资源理论"的实质在于以下九个方面：（1）本土资源不是"用"而是"体"。（2）将西方的东西作为"用"。（3）本土的东西不是利用的对象而是利用的目的。（4）暗示要大量恢复昔日的做法。（5）否定法治的普遍标准和现代法律的科学性，反对接轨论。（6）否定法治设计的重要性，提倡自发。（7）法律多元论只能导致本土法治。（8）认为人治也是法治。（9）认为本土法治优越于现代法治。而在方法上则有以下八种：（1）倚洋自重法。（2）利用病句法。（3）强加于人法。（4）无视规律法。（5）无视事实法。（6）搅浑水法。（7）模棱暗示法。（8）假象乐道法。②

纵观以上两位先生的文章，不难看出，第一种批评侧重于"神"的批评，即理论内核的批评；第二种侧重于"形"的批判，即具体表述论证的批评。其实，谢晖教授并不否定本土资源

---

① 谢晖：《法治保守主义思潮评析——与苏力先生对话》，《法学研究》，1997年第6期，第50页。
② 刘大生：《从"本土资源"到"本土法治"——苏力本土资源理论之学术解构》，《山东大学学报》（哲学社会科学版），2001年第3期，第97页。

对法治的可用性,他认为中国法律发展必然面临"本土性"问题,但"本土性"不是"本土化",法律现代化并不必然存在一个本土资源化的问题,而只存在利用本土资源的问题,并提出了法治在中国的本土化的问题。① 而苏力教授也谈到,"我从来没讲过法治的本土化"、"我确实主张法学研究要本土化"。② 从中我们不难看出二者的区别。而刘大生教授的文章从七个方面对本土资源理论进行了分析评论,尤其是对一些语句的批评是有道理的,但对整体理论的批评不够全面。因为刘先生的文章基本采用两分法进行批判,尤其是实质部分,很多是"要么是什么、要么是什么"的二元选择,其实是逻辑上的两难境地。事物的发展不是单线条的,在很多时候是多线条的,而且还会融合。中国法治道路的选择和法学的重建也不是简单地否定西方、肯定中方或者否定外来理论、肯定传统的二元选择,而更多地应该是在两者之间找到一个结合点,相互借鉴与吸收,其实强调重视本土资源与借鉴西方理论之间并不必然对立。

综合批评法的代表应当是邓正来先生,他在对"本土资源论"的论证进路或内在逻辑的重构、基本理路的分析和批判的基础上,认为"本土资源论"具有这样几个要点:(1)"本土资源论"在根本上是一种受"现代化范式"之"传统——现代"二元框架和"传统"向"现代"单一进步观支配的理论模式。(2)"本土资源论"是一种试图以"有效"或"可行"来取代"善"和"正当"的理论模式。(3)"本土资源论"在根本上是

---

① 谢晖:《法治保守主义思潮评析——与苏力先生对话》,《法学研究》,1997年第6期,第57页。
② 苏力:《世纪末日的交代》,参见《送法下乡——中国基层司法制度研究》(自序),北京:中国政法大学出版社,2000年版,序言第6页。

一种否弃或拒绝任何有关理想图景之思考的唯物主义理论模式。①

邓正来先生认为"本土资源论"没有能够构建"中国法律的理想图景",更不能构建"法律的理想图景",并进一步指出"中国法律理想图景"乃是根据其对中国现实情势所作的"问题化"处理而建构起来的一种有关中国社会秩序之合法性的"中国自然法"。它是被建构起来的,而不是被发现的,更不是对现实本身的描述。② 甚至认为它在"法律理想图景"的问题上要比"权利本位论"和"法条主义"走得更远,也更危险,因为它不仅没有为中国法律发展提供"中国的法律理想图景",而且还反对对任何有关法律的理想图景作任何思考,更是否定了中国法学思考和研究"中国法律理想图景"的必要性。③ 邓先生着力的焦点在于法治的目标和理想,而且认为这种理想只能是被构建的,而不能被发现和描述,其实我们认为"本土资源论"强调的是找到具体的社会事实和发现法治的资源,而不是说这种资源就是"理想的法治"或者"法治的目标"、"法治的理想"。在我们看来,这只是目标和路径的差异,而不是本质的区别。在本质上,二者均是关注中国法治的未来和目标的。

3. "本土资源论"的贡献

自苏力教授提出"本土资源"的概念以来,已经持续争论

---

① 邓正来:《中国法学向何处去(下)——对苏力"本土资源论"的批判》,《政法论坛》,2005年第3期,第70页。
② 参见邓正来《根据中国的理想图景——自序〈中国法学向何处去〉》,《社会科学论坛》,2005年第10期。
③ 邓正来:《中国法学向何处去——对苏力"本土资源论"的批判》,《政法论坛》,2005年第3期,第71页。

了二十年的时间,而且这种争论还会继续,对中国法学研究和中国法治构建的影响必将是深远的,无论是赞同者还是反对者都没有回避这一点。"苏力理论的流行地域已经远远超出了学术界,苏力理论已经产生了一定的政治影响。""苏力理论已经深深地影响了中国未来的法制走向以至整个国家的前途。"①"这种法治保守主义思潮一出,立刻得到了法学界的应和,成为当今中国法学界极其显眼的现象。"②

正如苏力先生在《法治及其本土资源》一书的序言中写到的那样——"什么是你的贡献"?换言之,也就是"你的贡献是什么"。那么究竟什么是"法治本土资源"的贡献呢?我们认为,尽管"法治本土资源"还不是一个理论体系,但它对中国法学研究乃至中国法治构建的意义是毋庸置疑的。"其实本土资源这个概念并不重要,它的提出几乎带有一点儿偶然性;重要的是要研究中国的问题,回答中国的问题,提出一个解决问题的具体办法。谁要是争本土资源的精确含义,那就太没意思了(也是对我的最大误解)。"③

3.1 "本土资源论"对中国法学研究和中国法治构建的方法论意义

"法治本土资源"在方法论上的最大贡献在于转换了中国法学研究的视角和中国法治构建的路径。一是改变了法学研究的关

---

① 刘大生:《从"本土资源"到"本土法治"——苏力本土资源理论之学术解构》,《山东大学学报》(哲学社会科学版),2001年第3期,第97—98页。
② 谢晖:《法治保守主义思潮评析——与苏力先生对话》,《法学研究》,1997年第6期,第51页。
③ 苏力:《世纪末日的交代》,参见《送法下乡——中国基层司法制度研究》(自序),北京:中国政法大学出版社,2000年版,序言第9页。

注点,使法学研究从关注西方法学理论转变为关注中国的法律传统,即在二者之间找到契合点。二是改变了法学研究的叙事方式和立场,使法学研究的纯粹逻辑推理和学术规范的演绎转换为生动活泼的分析和描述。三是改变了法学研究的体裁选取和资料来源,使法学研究主要依赖历史文献转换为依赖社会生活。四是改变了中国法治构建的路径,使中国法治构建的视角由自上而下地思考转换为自下而上地思考。五是改变了中国法治构建的大而化之的思考,使法治构建的角度从关注宏观转换为关注微观,从关注理论构建转换为关注社会事实。

正如苏力教授所言,"中国的法治之路必须注重利用中国本土的资源,注重中国法律文化的传统和实际"。"求本土资源、注重本国的传统,往往容易被理解为从历史中去寻找,特别是从历史典籍规章中去寻找。这种资源固然是重要的,但更重要的是要从社会生活中的各种非正式法律制度中去寻找。研究历史只是借助本土资源的一种方式。但本土资源并非只存在于历史中,当代人的社会实践中已经形成或正在萌芽发展的各种非正式的制度是更重要的本土资源。"①

3.2 "本土资源论"对中国法学研究和中国法治构建的认识论意义

"本土资源论"在认识论上的贡献在于:一是它把法学和法律的发展看做一个动态的过程,而不是静态的。二是它把法学和法律看做文化的有机组成部分,而文化处于不断的变迁和相互吸收与借鉴的过程之中。三是它把法学和法律看做特定时空中的社会现象和社会事实,即处于一定的语境之中,而语境不同,其内

---

① 苏力:《法治及其本土资源》,北京:中国政法大学出版社,1996年版,第14页。

涵和外延不一定一样。四是它把中国自身的问题和西方法学的一般理论结合起来,找出二者的结合点。

正如一些批评者所言,苏力教授分析的是中国的事实,用的是西方的理论和范式。其实这个问题并不复杂,法学来源于西方,在西方属于比较成熟的学科,作为一般性的原理和规则,我们没有必要因为要构建中国法学和中国法治就将西方的理论全部推倒重来,也没必要因为提到中国的实际就全盘否定西方法学理论。"本土资源论"强调的是要更多地关注中国的实际、中国的问题,从认识论上讲,它更多的是强调从实际出发、实事求是地分析问题,认真分析我们的法学、分析我们的法治建设中的具体问题。"在中国的土地上,只要你认真,有眼力,有能力,研究那些看上去不起眼的问题,同样可以出好货、出真货。"①

3.3 "本土资源论"对中国法学研究和中国法治构建的价值论意义

中国法学的使命主要在于为中国的法治建设提供理论依据,在于为中国社会经济和人的发展服务。因此,中国法学研究必须为中国法治建设服务,否则中国法学就成为一种自恰的和纯粹的学术体系,而没有实际的运用价值。"本土资源论"正式开启了中国法学研究为中国法治建设服务的新视野。"本土资源说这一理论的提出,为探讨中国法治之路提供了一个新的视野。"②

从价值取向上看,"本土资源论"是取向于在中国社会生活的实际中寻找法治的资源,为实现中国法治的现代化服务。从价值目标上看,"本土资源论"强调构建中国自身的法治蓝图,为

---

① 苏力:《世纪末日的交代》,参见《送法下乡——中国基层司法制度研究》,北京:中国政法大学出版社,2000年版,序言第10页。
② 沈少杰、江丽娜:《论法治的本土资源》,《南通工学院学报》,2000年第12期,第58页。

建设中国特色的社会主义法治服务。从价值选择上看,"本土资源论"强调注重传统文化和现代社会生活的结合,也强调法治理论与市民生活的结合,在尊重传统、尊重事实的基础上审视理论的有用性和可行性。从价值追求上看,"本土资源论"强调在不破坏社会公平和基本正义的前提下,追求法治的实效性和针对性。

总之,"本土资源论"作为一种法学思潮,引起了中国法学界的极大关注,并因此引发了激烈的争论,这无疑是一件好事,是法学界的一件幸事,也是中国法治建设中的一件幸事。它引起了人们对本土法律传统、法律文化与习惯的关注,促进了人们对中国法治建设道路、进程及其基本理论的反思与重构,必将极大地推动我国法学研究的繁荣和法治建设的发展,为形成中国自己的法学流派和建设中国特色的社会主义法治提供强大动力,为中国法学研究和中国法治的构建作出自己的贡献。这是法学界、法律界乃至全体中国人所必须肩负的历史使命,也是推动中国法治化进程实践的客观需要。

第 1 章　一种视角与进路的探讨

　　事物矛盾的法则，即对立统一的法则，是自然和社会的根本法则，因而也是思维的根本法则。

——毛泽东

1.1　问题的提出

　　长期以来，法治的理想与现实的反差成为困扰理论界与实务界的一大难题。在我国，没有农村社会的法治化就不可能实现建设社会主义法治国家的战略目标已是不争的事实，这不仅取决于我国传统上是一个农业大国的历史，而且也是由我国的人口主体是农民这一现实问题所决定的。研究中国社会的法治化问题①，不能回避对农村社会的研究，否则就是不全面的，也是不科学的。农村法治是我国法治实现的基础，也是中国法治的瓶颈。"相对于中国农村的实际，中国的现代法治的确过于城市化。对于中国法治过于城市化的批评，不是说要使中国的法治远离城

---

　　① 法治化是人们对法治的一种价值追求，是一个动态的发展过程，强调的是法治的水平和法治文明的程度，而这个过程也许是长期的。

市,或者成为农村法治,而是说中国现有的法治措施都是以城市为基础来拟制的,我们对农村社会没有足够尊重,对于农村利益没有充分保护,对农村经济没有应有重视。""现行的法律制度,对农村社会没有足够尊重。"① 长期以来,农村与城市在经济、政治、文化、社会等方面的差别,决定和影响着中国法治建设的二元状态。事实上,要缓解农村目前面临的一系列矛盾,法治化是必然的发展趋势和制度要求。我国是一个传统农业大国、农村人口众多和农村社会主体法治意识薄弱等原因,导致我国农村法治在社会发生剧烈变革和整体转型的特殊时期面临着法治困境,存在着国家法与民间法相互交织、民间法活跃、国家法受限等现象,这都需要认真加以研究,找出农村法治化建设的影响因素及其解决途径,以期推动社会主义法治国家的进程,为中国完全步入法治社会奠定基础。

  法律作为维持社会秩序的工具,在社会的有序化发展和人们实现自身利益的过程中发挥了不可估量的作用。法律不仅约束和控制人们的行为,而且也规范和制约了公共社会关系,使国家、社会、公民处于有序的演进和互动之中,形成了丰富的法律文化,法律文化也因此成为人类文化的重要组成部分。但是,在建设社会主义法治国家的进程中,人们又发现法律作为一种外在性的规范,是国家权力的符号象征,国家法向农村社会逐步延伸的过程实质上就是国家权力在农村社会逐步强化的过程,而这一过程并不是完全有效的,也并不是一蹴而就的。在长期的文化积淀过程中,农村社会形成了一套自身的规范体系,而这一套规范体系存在于人们的内心和观念之中,具有牢固的文化和心理基础。相反,国家法在农村社会中则显得薄弱

---

① 卓泽渊:《中国现代法治的反思》,《政法论坛》,2007年第3期,第117页。

和无力。

这就使得人们必须思考一个问题：农村社会中除了国家法以外，是否还存在其他规范体系？甚至引起人们对马克思主义法学观所认为的"法律是阶级社会特有的社会现象"的反思，这不仅是一个现实问题，而且更是一个历史问题。在农村社会中，能否找到法律的原生形态？法治建设的主阵地是不是应该放在广大的农村社会？要全面正确地回答这些问题实在不是一件容易的事情。带着这些思考，笔者将从总体上对相关的一些基本问题作出初步的分析与阐释，主要包括农村社会法治化建设如何定位，农村社会法治化建设中国家法和民间法的实际状态，国家法与民间法的良性互动等问题，并对此展开深入的思考和探索，对农村社会法治化建设的途径提出自己的见解。目的是要把研究视角深入农村社会、深入中国社会的底层，探讨中国法治的真实状况，寻找农村社会法治化建设的内在源泉，推动农村社会走向法治化，从而实现中国社会整体的法治化。

1.2 找准中国社会法治建设的切入点

当前，我国社会正处于变革时期，传统与现代、文明与落后、法治与人治、城市与农村等多元因素交织发展，构成了我国社会发展进程中不可回避的现实性问题，也极大地影响和制约着我国的法治建设。正当人们高呼"法制现代化"[①]、"依法治国"、"建设社会主义法治国家"的同时，我们必须正视我

[①] 公丕祥教授认为，"法制现代化是一个变革的概念，是使法制向现代法制的历史更替，并将其分为'内发型'法制现代化和'外发型'法制现代化"，其实质是从人治型的价值——规范体系向法治型的价值——规范体系的转变。参见公丕祥《论法制现代化的标准》，载李楯编《法律社会学》，北京：中国政法大学出版社，1998年版，第255—256页。

国的实际。我国广大的区域从地理上讲属于农村,我国80%以上的人口生活在农村,农村不仅是革命时期重要的战略基地,而且也是改革时期的重要发源地,同时也应当是现代化建设的最终落脚点和出发点。没有农村社会的现代化,就不可能有中国社会的现代化并不是危言耸听。同样,没有农村社会的法制现代化,就不可能有中国的法制现代化,建设社会主义法治国家也就成为一句空话,成为一种理想化的思想构建,成为人们内心中"应然"的追求而不是"实然"的存在。没有农村的法治化,就根本谈不上依法治国目标的实现,也根本谈不上社会主义和谐社会的构建。"农村是公民最基本生活资源的终极来源地,农业是整个国民经济的基础产业;我国农村面积占全国领土的90%,农村人口占全国总人口的80%以上,种种特殊性可以看出农村法治建设的重要性,可以看出如果没有我国农村这个最大社会区域的法治化也就没有整个国家的法治化。"[①]

　　细究其原因,主要在于:

　　第一,农村社会法治化不仅是国家权力民主化的结果,而且也是农民民主权利意识增强的结果。"依法治国,建设社会主义法治国家"写进我国1999年《〈中华人民共和国宪法〉修正案》,标志着党的治国方略的巨大转变,法治成为人们追求的理想治国模式,党和政府成为推动法治化进程的外在动力,无疑加速了我国法治化的进程,从外部营造了一派繁荣的法治景象。但"法治"之名胜于"法治"之实,在实践中法治有其形而无其神。同时,也使一些人产生了一种误解,认为国家主动推进法治、人民被动接受法治,尤其是中国最广大的

---

① 伍玉功:《农村法治建设的三个冲突与出路》,《求索》,2007年第6期,第115页。

人民——农民就更是如此认为。强大的舆论宣传掩盖了人们对法治的诉求。实际上我们也可以作出这样的理解，轰轰烈烈的法治宣传和意识形态的主导化，在一定程度上反映了国家权力的民主化趋势和人们的权利意识的觉悟，即使不是全体人民的意识，至少也是一部分人权利意识增强的结果。因此，人民才是推动中国法治的真正主体，人们的内心诉求和愿望才是驱动法治的原动力。从内心上讲，人民渴望法治的愿望是强烈的，农民生活在中国社会的底层，更能感受到中国真正的实际，他们更需要一种稳定的法治机制来保障其合法权利的实现。

第二，农村社会是法治现代化建设的主阵地，没有农村社会的法治化，就不可能有中国整个社会的法治化。农村是城市的母体，农村为城市提供资源和能源，农村担负着为现代化建设输送各种资源和提供各种条件的任务。在一定程度上讲，农村和城市是相对的，没有农村存在就无从谈起城市，没有城市也就无从谈起农村，二者都属于历史的、经济的概念，共同构筑了中华文明的内在体系。由于我国法治理论大量地移植了西方理论，在一定程度上还停留在精英化和知识化的理念层面上，而对中国农村实际的关注和研究显得单薄。苏力教授在提到中国法学研究的弱点时，曾批评中国法学研究处于"自我限制、缺乏社会科学指导和经验研究"[①]的水平。纵观国家法在农村社会中的实施与效力，我们必须把视野转向农村，研究农村社会中的国家法以及国家法之外的规则体系（民间法）问题。

第三，农民是中国历史的主要缔造者和中国改革发展的重要生力军，也是法治建设的主导力量。农民作为中国最大的人民群体，在中国历史上扮演着重要的角色，农民"答不答应、满意

---

① 参见苏力《波斯纳文丛总译序》。

"不满意"成为决定中国历史重大转机的决定性因素。农民生活质量如何、文化素质如何、心理状态如何不仅成为制约中国社会繁荣进步的重要因素,而且也是任何朝代的当政者必须加以认真对待和思考的问题。农民不乱则国家可定,一旦农民乱了则国家必衰。纵观中国历史,凡是各朝衰落的时期也就是农民反叛的时期,反之亦然。在一定程度上,不是国家改变了农民,而是农民改变了国家,改变了社会。农民身上具有巨大的创造力和发展潜力,农民对法治的态度如何,农民的法治观念如何,农民的法律素质如何,直接关系到社会主义法治的实现程度,决定着建设社会主义法治国家的历史进程,也决定着中国法治建设的前途和命运。"事实上,过去的十几年来,中国的最重要的、最成功的制度和法律变革在很大程度上是由中国人民,特别是农民兴起的,而那些比较成功的法律大都不过是对这种创新的承认、概括和总结。"[1]

第四,法治化是农村文明进步的标志,是实现全面建设小康社会的内在要求。经过改革开放的发展,我国已进入了全面建设小康社会的历史阶段。2001年中国加入WTO,使中国社会更加开放,国际化的建设速度加快,中国在建设小康社会的同时,必须全面与国际接轨。这就给农村社会的发展提出了新的问题,使农村社会法治化的要求成为必然的选择。要认清形势,结合农村社会的实际,找准农村社会实现法治化的内在条件;认真分析农村社会中法治资源的变迁与革新、农村法治的外部动力和内部动力,找准农村社会法治化的切入点和基点;深入探讨当前农村社会中国家法实施的实际情况,以及在国家法之外是否还存在其他规范体系,其发展趋势如何、有否规律

---

[1] 苏力:《秋菊的困惑和山杠爷的悲剧》,载李楯编《法律社会学》,北京:中国政法大学出版社,1998年版,第464页。

性等一系列问题。否则，就很难准确把握农村社会的实际，很难处于"实然"（实际是什么样）的研究，而是从"应然"（应该怎么样）到"应然"，仅仅是一种纯理性的构建，并不是一种实证性的探索。

本书力图深入农村社会内部，探寻农村社会中真实的法治面貌，在传统与现代、农村与城市相互交织，整个社会发生剧烈转型的大背景下，发掘本土的法治文化和资源，既注重客观的"实然"状态，也注重从价值和观念的引导上强调"应然"状态，力求"实然"与"应然"的结合与平衡，并因此构建农村社会法治化建设的理论体系。

1.3 探索中国特色法治之路的基本依据

1.3.1 学术理论意义

要探索一条适合我国农村社会法治化建设的道路，就必须认真分析和研究农村社会法治化建设中的两个重要因素——国家法与民间法。研究农村社会中的国家法与民间法要注意以下几点：

第一，必然要面对的问题是民间法是否存在，民间法是如何变迁和演进的，表现为哪些形态，有哪些特征，有哪些作用，等等。承认民间法的存在，是否等于承认法是一切人类社会的普遍现象，而不是阶级社会特有的现象？进一步追问，就会引出法的本质属性到底是阶级性还是社会性这一法的本源性问题。法的概念究竟应该如何定义？于是就会牵涉到"什么是法"的争论。法究竟是多元的概念还是单一的定义？这个看似简单，实际上却很复杂的问题，是法学研究领域始终争论不休的问题，也是法学作为一门科学的奥秘和魅力所在。如果承认法是一切人类社会中的普遍现象，实质上是否就等于承认了法的本质属性是社会性？这样就与马克思主义法学关于"法是人类社会特有的现象，法的本质属性是阶级性"① 的经典性描述产生了矛盾,于是就会导致"法的本质属性是什么"的争论。② 本文并不想就这些问题展开探讨,但是究竟国家法与民间法之间有何异同,其关系是什么,研究民间法有什么意义等问题值得深入探讨。

显然,本书的逻辑假设或理论框架是以民间法的存在为前提的,或者说本书的立论中已经蕴涵了民间法是存在的命题。为了避免引起"什么是法"的争论和歧义,以及为了保持本文逻辑结构的严密性,有必要对国家法与民间法作一点交代。国家法是指国家制定法(法律)。民间法中所称的"法"与国家法中所包含的"法"在狭义上并不是同一个概念,不能作相同的理解,否则就会相互矛盾,陷入逻辑混乱之中。③ 从广义上讲,国家法

---

① "法的本质就是指法的根本属性,是指法的内在要素以及法与各社会现象间深层的、必然的联系。……对于法的本质,古往今来的法学家都作过探索。剥削阶级的法学家由于受历史条件和阶级利益的局限,不能对法的本质作出科学的说明,只有马克思主义才真正揭示了法的本质。"参见邹瑜、顾明总主编《法学大词典》,北京:中国政法大学出版社,1991年版,第1031页。

马克思和恩格斯在《共产党宣言》中深刻揭示和说明了法的本质和特征:"你们的观念本身是资产阶级的生产关系和所有制关系的产物,正像你们的法不过是被奉为法律的你们这个阶级的意志一样,而这种意志的内容是由你们这个阶级的物质生活条件来决定的。"参见《马克思恩格斯选集》第1卷,第268页。

列宁指出:"法律就是取得胜利、掌握国家政权的阶级的意志的表现。"参见《列宁全集》第13卷,第304页。

② "关于法的本质及其概念的讨论,是中国法学界自20世纪80年代中期以来影响最为深远的一场大讨论,其余波到90年代初乃至现今仍未平息。"参见文正邦著《当代法哲学研究与探索》,北京:法律出版社,1999年版,第283页。

③ 借用田成有先生的话说,民间法主要是从社会学和人类学的角度分析,是一个分析性概念,只有学理上和价值上的意义,而不是与国家法相对立的分类概念,没有功能上和文字上的意义。参见田成有《乡土社会中的国家法与民间法》,载谢晖、陈金钊主编《民间法》第1卷,济南:山东人民出版社,2002年版,第1页脚注。

（法律）首先是一种行为规则或规范，民间法则是一种在民间适用的行为规则或规范，在这个意义上二者中的"法"都是规则或规范的意思，可以作相同的理解。从马克思主义法学观来看，民间法并不是一种真正意义上的法律，而仅仅是一种规范，国家法才是真正意义上的法律。从阶级分析的立场出发，马克思主义关于法及其法的本质属性的描述是对的；而从人类学和社会学的立场出发，民间法也是客观存在的。所以，说国家法与民间法中的"法"不是同一概念，是因为出发点和立场不同而导致的，站在不同的立场上把两个事物作同一比较，本身就有缺陷，是不科学的，显然会导致相互矛盾和前后不一致的局面；而说国家法与民间法中的"法"是同一概念，主要在于把二者都看做是一种行为规范或规则，标准是一致的。

第二，研究农村社会国家法与民间法的关系，必然要求把视角切入农村社会的内部，用实然的方法和态度，以法人类学、法社会学、法经济学、法文化学等多学科交叉的方法，来剖析国家法处于什么样的状况，国家法之外为什么还存在民间法，民间法为什么会长盛不衰，农村社会在向法治化迈进的过程中，如何正确认识和处理二者的关系，是坚持一元选择还是二元构建，二者既统一又对立，既融合又冲突，如何才能实现其最佳结合，等等。要做到既不浪费法治资源，又不空泛地宣传法治已取得的正效应（成绩），还应该看到我国法治建设中存在的问题（不足），尤其是农村社会中的法治建设问题，以促进农村法治化建设达到效益最大化。

第三，把研究定位在农村社会，是把握我国国情的客观要求，是理论研究务实化的必然要求。农村不仅是我国最广阔的疆域，而且也是我国社会的重要组成部分，任何研究中国社会发展的理论不研究农村问题，都是不健全的，至少是不全面的，尤其在中国这样一个农业大国和农村大国。我国的法治理论大量移植了西方理论，带有很强的西方特色，"法治移植论"与"法治本土化"近年来已成为法学研究的热点，在这里我们不打算讨论移植与本土化孰优孰劣的问题，但我们可以肯定地说，目前中国的法治始终处于一种精英化的状态。从立法与执法层面看，立法有滞后于实践的现象，因为社会生活本身是多样化的，而法律可以是全面的，但不可能做到无所不包，社会生活远远丰富于法律规则；从法治理论被人民群众掌握和接受程度的层面看，我国法治理论又是十分先进的，很难被人们熟悉和理解，尤其对于广大农民而言，无论是立法还是执法，也无论是司法还是法律监督，老百姓都难于了解和熟悉。换个角度讲，我国法治理论带有明显的"知识化"和"精英化"色彩，而对文化水平不高的普通农民来讲则处于一种相对陌生的境地。因此，农村社会有一个城市化的过程和一个现代化的过程，也有一个法治化的过程，反之，我国的法治化进程是否也有一个农村化的过程呢？

第四，农村社会法治化程度较低的实际决定了农村社会必然成为推进法治化建设的主阵地。客观地讲，经过改革开放三十多年来的努力和实践，我国的法治建设已取得了巨大的成就，已初步建立起了有中国特色社会主义法律体系，法治在城市及广大市民中已不再陌生，但在广大农村和农民中间，法治无疑还是相对陌生的，尤其是在贫困边远的农村和农民中间更是如此。农村社会经济的繁荣程度与法治化的程度成正比，经济越发达的农村，法治化的程度也越高；经济越贫困的农村，法治化的程度也越低。因此，要在人们内心深处树立起一种法律至上的权威和意识，或者说使法律成为维护社会秩序、规范人们行为、调节社会关系的至高无上的准则，使法治内化为人们的自觉行为和意识，还有一段较长的路要走。这在一定程度上反映了我国法治化建设的政府推进性，即政府采用强力从外部强行推进法治，而人们并没有完全从内心中信仰法治，或者将外在的推力转化为内在的自觉行动。尤其是如何使农民信仰法律、维护法律、利用法律维护自身合法权益，使人们的社会生活和国家的一切活动都依照法律行事就更加漫长。这一项工作在农村社会中不仅是艰巨的，而且也是一项长期性的任务。如果达不到维护广大农民合法利益的目的，法治在一定程度上也只是一种外在化了的形式，而不可能形成内在化的潜在的社会治理机制和约束机制。

1.3.2 社会现实意义

在构建社会主义和谐社会的进程中，关注农村社会法治化建设，仔细探究国家法与民间法的实际状态，为建设社会主义法治国家提供理论支撑，不仅具有学术理论意义，而且具有很强的现实针对性，具有重大的实践意义。

第一，为农村法治建设提供可行性论证和理论支持。深入分析农村社会国家法的现状以及民间法的存在、演变及其二者的互动，实质上就是为了澄清农村社会中规则体系的现状，探讨和研究农村社会中规则体系的发展方向，找准农村法治建设的切入点。从根本上讲，一方面检视农村现行法治的全貌，认清其内在的客观性、规律性及其发展上的不平衡性、非对称性；另一方面也构建农村法治的未来，为农村社会法治化提出对策和建议。从而从理论层面对农村社会法治化展开可行性论证，以期在实践层面上指导农村社会法治化的伟大实践。

第二，为党和国家制定农村发展战略，走中国特色的法治道路提供决策依据。农村是中国革命和建设的战略基地，党的第一代领导集体带领人民走"农村包围城市"的革命斗争道路，取得了中国革命的胜利；党的第二代中央领导集体带领人民走"农村包围城市"的改革发展道路，开创了走有中国特色社会主义道路的历史新纪元。在中国进入全面建设小康社会的今天，农村仍然是党和国家工作的战略基地。中国是一个农业大国和人口大国，也是一个农村大国和农民大国，社会城市化水平低、非农业人口的比例较低，这是摆在中国面前的实际问题，必须要经过几代人甚至几十代人的努力才能实现。任何急于求成的做法，都只会是形式主义的或者功利主义的不切实际的行为，不会产生积极的效果。因此，必须正视农村问题，不仅要研究农村的经济问题，而且也要研究农村的法治问题，使农村物质文明和精神文明协调发展，建设社会主义新农村。从这个意义上讲，农村社会是社会主义法治建设的最终落脚点和出发点。

第三，为农村社会的发展提供智力支持和精神动力。法治是社会文明进步的标志，是公民权利意识和民主政治意识在法律上的反映，是衡量社会发展进步的尺度。农村社会的发展，离不开农民素质的提高，离不开农民权利意识的觉醒，更离不开农民民主政治意识的增强。随着农村社会主义市场经济的发展，农村正逐步走上富裕和发展的道路，但由于物质的发展与精神的进步不相一致，农村社会中出现了宗族势力复兴、宗法意识抬头、封建迷信盛行等现象，这客观地反映了农村社会的现实状态。只有引导农民树立正确的富裕观、法治观，提高农民的法律素质，农村社会的发展才会有智力支持和精神动力。

第四，加快农村社会法治化的步伐，为建设社会主义法治国家奠定基础。社会主义法治国家的建设是治国模式的根本性转变，带有全面性，涉及各行各业，也涉及全国各地，既触及人们的思想观念，也触及人们的行为。从宏观上讲，法治国家的建立主要依赖于国家管理体制的法制化，即国家机关及其工作人员依据宪法和法律的授权，管理国家事务和社会事务，一切国家活动和社会生活都处于法律的规制之下。从微观上讲，建设社会主义法治国家不仅要实现宏观上的法治化，而且各行各业、各地区也要实现法治化。从思想上讲，法治国家的建立主要依赖于人民法律意识的提高和人民的自觉参与，否则就不可能建立真正的法治国家。

农村社会作为中国社会二元结构中的重要组成部分，既不能割裂出去，也不可能采取模糊态度，忽视农村社会的存在。只有农村社会实现了法治化，建设社会主义法治国家也才是实际的。农村法治实践不仅仅是依靠国家强力推行的运动式过程，也不是一个等待农村社会和农民自身成长到理想的法治高度的消极无为过程，而是一个以国家为主导、以社会为基础的积极的合力推进过程。

1.4 核心概念的界定

1.4.1 关于农村社会

农村是相对于城市而言的，农村与城市之间不存在必然的对立，"农村是城市的母体，城市是农村发展和分化的结果"[①]。随着中国农村经济的发展，将会有越来越多的农村转化为城市。从物质和经济上讲，农村将会逐步城市化，但从观念和思想上看，农村仍然保留着更多的传统特色，与城市仍然存在很大差异。这就给我们提出了一个问题，农村与城市的二元社会结构之间有没有明显的界限？这种二元划分对中国社会有何意义？回答是肯定的，这对准确把握我国国情有重大的理论和现实意义。

费孝通先生在《乡土中国 生育制度》一书中最早提出了"乡土社会"一词。他说："从基层上看去，中国社会是乡土性的。""乡土社会的生活是富于地方性的。""乡土社会在地方性的限制下成了生于斯、死于斯的社会。"[②] 在此后的几十年间，"乡土社会"成为最形象生动地概括中国基层社会的话语，长期以来一直受到理论界的称道和重视。但随着经济和文化的发展，我国

---

① 李佐军：《中国的根本问题——九亿农民何处去》，北京：中国发展出版社，2000年版，第83页。

② 费孝通：《乡土中国 生育制度》，北京：北京大学出版社，1998年版，第6—11页。

城市社区的现代化程度日益提高,市民社会或城市社会、工商社会的发展趋势日益明显,在城市尤其是大城市,传统乡土社会的色彩已被现代文明洗涤一空,一方面,城乡二元分层的社会结构出现融合,部分农村迅速城市化,使乡土社会结构面临巨大转型;另一方面,城乡分层更加明显,城市的发展速度远远大于农村,农村城市化的速度远远落后于城市现代化的速度,城市与农村的差别更加突出。

随着学术研究视野的扩大,人类学、社会学、经济学、政治学、法学等都把视野投向了中国农村,于是村落社会、农村社会、基层社会、乡土社会的提法逐步出现,李佐军先生在《中国的根本问题——九亿农民何处去》一书中,通过对城市元和农村元的二元经济社会结构的分析,在一定程度上肯定了农村社会的提法,认为"农村是与城市相对应的一种地域概念,也是一个历史性的概念"、"农村与城市是社会经济发展到一定阶段的产物"。[①] 周沛在《农村社会发展论》一书中则直接使用了农村社会这一概念,认为农村不仅是一个地域概念,还是一个经济概念和社区概念,并把农村社会界定在县城以下广大地区。[②]

因此,农村社会是一个复杂的概念,很难用简洁明了的话语作出解释。但是,为了行文方便和给本文一个准确的定位,我还是力图对农村社会作几点限制:(1)本文所指农村社会主要是指传统农村社会,尤其是落后农村社会,因为在这些地方现代文明的影响相对较小,更利于本文的分析。(2)农村是相对于城市而言的,农村和城市都不是固定不变的概念,因此无论是农村

[①] 李佐军:《中国的根本问题——九亿农民何处去》,北京:中国发展出版社,2000年版,第81页。
[②] 周沛:《农村社会发展论》,南京:南京大学出版社,1998年版,第4页。

还是城市都受到不同规范体系的影响，它们之间只存在程度上的差异，而不存在必然的截然分离，"农村就是落后、愚昧，而城市就是发达和文明"的二元对立观显然是错误的，至少是简单和粗陋的。（3）本文的分析主要侧重于思想和观念层面，而对农村社会在物质和经济发展上的定性、定量研究则不涉及。（4）农村社会的提法更有利于与城市社区相区别，更能准确说明本文的立意。

1.4.2 关于民间法

马克思主义法学观认为，法是由国家制定或认可的反映和体现统治阶级意志的并由国家强制力保证实施的行为规范的总称。这是马克思主义法学观关于法的经典描述，长期以来一直被法学界和法律界所使用，也是教科书中的经典性定义，成为学习法学知识的入门要点。

依据这一标准，民间法（folk law）并不是法律，而是一种规范，是一种非正式制度（informal institution）。社会学家、人类学家和法学家曾经给民间法以各种称呼，诸如非官方法、非国家法、地方性的法、习惯法、非正式制度、非正式规范等。[①] 显然，这几个概念并不能准确表述民间法的含义，民间法与这些概念之间存在交叉或包容关系，比如民间法只是非正式制度之中的一种，习惯法只是民间法的一部分等。所以，如何准确界定民间法就是学术界的一大任务。当前，民间法的提法越来

[①] 日本学者千叶正士在《法律多元——从日本法律文化迈向一般理论》（中国政法大学出版社1997年版）中就有官方法与非官方法的论述；我国学者梁治平先生在《清代习惯法：社会与国家》（中国政法大学出版社1996年版）中就有国家法、民间法、非正式法律的论述；苏力先生在《法治及其本土资源》（中国政法大学出版社1996年版）中也有国家制定法与民间法的论述；等等。

越受到理论界的重视,已有一些学者作了一些有益的探讨。①从法人类学和法社会学的立场出发,民间法显然是存在的,并且将长期起着规范人与人之间关系的作用,任何简单摒弃民间法的做法都是不切实际的,不正确把握国家法与民间法之间的妥协与互动关系,就很难真正找到解决中国法治建设难题的新途径。

"在中国传统语汇里,与'官府'相对的正是'民间',而'官'与'民'这一对范畴,十足表明中国传统社会结构的特殊性。主要因为这个缘故,我在'国家法'之外特别标出'民间法'的概念来作区别。""国家法在任何社会里都不是唯一的和全部的法律,无论其作用多么重要,它们只能是整个法律秩序的一个部分,在国家法之外、之下,还有各种各样其他类型的法律,它们不但填补国家法遗留的空隙,甚至构成国家法的基础。"②梁先生一针见血地指出了民间法存在的制度空间和文化根源,用"官与民"这一对范畴来展开对国家法与民间法的研究,这是非常贴切和形象的,既充分表明了民间法存在的制度空间和文化背景,又形象地展示了民间法的地位和作用。

苏力先生在《法治及其本土资源》一书中多次谈到国家法与民间法的关系。他认为在中国社会转型时期的法制建设中,国家法与民间法之间必须尽力沟通、理解,在此基础上相互妥协、合作,这样可以避免更大的伤害,获得更大的收益;而不能按照

---

① 参见苏力《法治及其本土资源》、《送法下乡——中国基层司法制度研究》;梁治平《清代习惯法:社会与国家》;王学辉《从禁忌习惯到法起源运动》;田成有《乡土社会中的国家法与民间法》;陈敬刚《国家法与民间法的二元构建及其互动之思考》;等等。

② 梁治平:《清代习惯法:社会与国家》,北京:中国政法大学出版社,1996年版,第35页。

一种思辨的理想型法制模式来构建当代中国的法制。[①] 这一论述不仅隐含了民间法存在的必然性和合理性的判断,而且也隐喻了民间法在中国法制建设中的地位和作用,表明了国家法并不一定比民间法更优越或更有效,也不等于民间法就比国家法更优越或更有效,而是必须把二者置于具体的社会场景和法制环境中,加以具体分析,从实然的立场出发,坚持二元互动和构建。

究竟什么是民间法呢?目前学术界还没有一个统一的大家一致认可的学术概念。"民间法"(folk law)一词是一个援引的概念,来自于中国台湾学者对西方"civil law"一词的译介,它与国家法相对称。通过梳理和分析,笔者认为,民间法是指人们在长期生产、生活的实践中自发形成的在特定区域和特定社会关系中用来规范人们的行为,调整和解决人们之间相互关系的独立于国家法之外的一种地方性知识系统或规范体系。

1.4.3 关于国家法与民间法的关系

苏力先生在《法律规避与法律多元》、《再论法律规避》中对国家法与民间法的关系作了很深入的探讨。他甚至提出国家制定法是否天然合理的反思。他指出:"当国家制定法与民间法发生冲突时,不能认为,国家制定法总是比民间法优越。"他进一步认为:"民间法也并不能避免不合理的问题,也不可能总是比国家制定法更优越。"[②] 国家法与民间法的共同存在决定了矛盾与冲突似乎是必然的现象,在冲突和妥协中谋求发展是二者最终的理性选择。"特别是在目前法学界一片'同世界接轨'的呼声之中,在中国法学教育和法律实践基本以国家制定法为中心的现

[①] 苏力:《法治及其本土资源》,北京:中国政法大学出版社,1996年版,第63页。

[②] 苏力:《法治及其本土资源》,北京:中国政法大学出版社,1996年版,第62页。

状下,强调理解民间法、强调国家制定法对民间法的适当妥协、寻求民间法的合作也许尤为重要。"①

在以立法为中心的建构主义法治模式下,国家法无论在声势和运作上,还是在规模和效力上都远远超过民间法,国家法无时不在挤压和排斥着民间法,而国家法在农村社会中的困惑与迷茫又使国家法在实施中不得不与民间法妥协和沟通,国家法在农村社会中的无奈与短路又充分显示了民间法顽强的生命力。按田成有先生的话来说就是:"以立法为中心的单纯理性建构认识,其背后隐含的实际上是一套游离于人们的实际生活之外的、并且是由法学家所构想出来的法律规则,这套规则虽然很有逻辑性,也很迷人,但其实际的效率并不一定比固有的民间法有用。"②

有学者指出:民间法的存在是由于国家法的缺陷和供给不足。国家法的局限在于其调整范围的有限,对程序的过分重视,以及其所具有的原则性、普遍性的特征,而国家法的相对稳定性又导致了国家法的供给不能满足社会对国家法的需求。③ 也有学者对此进行了反驳,认为民间法存在的根本原因还在于我国特定社会文化背景下民间法有其存在的现实合理性,还在于包含传统法律制度和文化意蕴的民间法与以西方法律文明为基础的正式法律之间存在着文化上的阻隔。文化上的差异和阻隔是国家法与民间法二元建构的主要原因。④ 诚然,二者都是国家法与民间法并

---

① 苏力:《法治及其本土资源》,北京:中国政法大学出版社,1996年版,第66页。
② 田成有:《乡土社会中的国家法与民间法》,《思想战线》,2001年第5期,第84页。
③ 高其才:《当代中国法治建设的两难》,《法学》,1999年2期,第15—16页。
④ 陈敬刚:《国家法与民间法二元建构及其互动之思考》,《河北法学》,2000年第4期,第16页。

存的原因，属于事物的两个方面。前者强调了法律自身的局限性，由此导出民间法存在的空间和合理性；后者强调了更深层次的文化历史原因，使民间法存在的合理性更加具有文化和历史底蕴。

在分析国家法与民间法的二元互动过程中，不仅要认真审视国家法在制度上和运用上的局限性，而且也要深入分析我国传统文化的影响及其对人们内心和观念的长期熏陶。国家法作为正式的制度设计，具有稳定性和普遍性，而相对灵活性和特殊性不足，针对千变万化的客观实际并不是"万能的金钥匙"，要处理好各种复杂的社会关系，必然带有局限性，必然需要各种非正式规范的补充和辅助。民间法作为一种非正式制度，从历史上看，它在一定程度上维系着我国基层社会的秩序与稳定，在特定的区域内起着相当于法的作用，这是民间法存在的历史原因和文化原因。

因此，民间法的发展趋势如何，它有哪些形态，国家法与民间法的关系如何，民间法存在哪些利与弊，民间法对农村社会法治化建设有哪些影响，究竟如何看待民间法等问题还有待于进一步深入探讨。

第 2 章 农村社会法治化的定位

  中国革命的成功,是毛泽东同志把马克思列宁主义同中国的实际相结合,走自己的路。现在中国搞建设,也要把马克思列宁主义同中国的实际相结合,走自己的路。

——邓小平

  当前,我国已经进入全面建设小康社会的崭新时期。这表明了我国社会的发展进入了一个新的阶段,但是我国社会要真正实现整个社会的均衡性发展和全面实现小康社会还有一段非常艰苦的路程,区域经济发展中的差异性十分明显,农村与城市、发达地区与不发达地区等的差异性十分突出,消除发展中的非均衡性是今后我国社会发展中的主要任务,而农村社会刚好处于落差的一个极端。"中国未来的经济发展和政治发展在很大程度上取决于农村的发展。而农村的发展在很大程度上又取决于家族文化的走向。中国与发达国家的一点不同在于:发达国家绝大多数人口在城市,其发展与未来取决于城市的发展,而中国恰恰相反,取决于农村的发展。"①

我国绝大多数人口居住在农村,农业、农村和农民问题始终是中国革命和建设的根本问题。没有农村社会的现代化,就不可能有中国整个社会的现代化,没有农村社会的法治化建设,也不可能实现社会主义法治国家的建设。中国要实现现代化,必须让成千上万的农民在城市完成自身的现代化过程,同时他们也在推动城市的现代化进程。因此,研究农村社会在法治化建设中的地位和作用,对于探索和促进社会主义法治国家的建设具有重要意义。

2.1 农村社会的概念和特征

2.1.1 农村和农民的定义

要理解农村社会首先必须弄清农村和农民是什么,而农村和农民本身是一个不断发展变化着的概念,今天的农村和改革开放以前的农村,甚至新中国成立前的农村相比完全大不一样,今天的农民与过去的农民相比也可以用今非昔比来形容。这就给为农村和农民下一个科学的定义增加了难度。

目前理论界对农村的各种观点概括起来无外乎两种表述方法。一种观点坚持排除法,认为城市之外即农村。比如:1887年,国际统计学会从统计学角度认为,居住人口超过 2 000 人以上的居民点为城市社区,其余广大地区则为农村。② 一种观点坚持直接表述法,直接给农村下定义。比如:美国统计局规定 2 500 人(以后改为 4 500 人)以下的居民点为农村。美国学者

---

① 王沪宁:《当代中国村落家族文化——对中国社会现代化的一项探索》,上海:上海人民出版社,1991年版,第7页。
② 周沛:《农村社会发展论》,南京:南京大学出版社,1998年版,第3页。

R. 比勒尔等认为农村就是指人口稀少、绝对面积不大、比较隔绝、以农业生产为主要经济基础，人民生活基本相似而与其他部分，特别是城市有所不同的地方。①

实质上，这些观点都不能准确表述农村的含义，只是从不同的视角反映了农村某一方面的情况。无疑农村不仅包含了人口、地域、资源、生活方式、观念、文化等要素，而且也包含了一定的时空概念、经济发展、物质生活水平、社会结构等指标性要素。马克思在描述农村时深刻指出："每一个农户差不多都是自给自足的，都是靠直接生产自己的大部分消费品，因而他们取得生活资料多半是靠与自然交换，而不是靠与社会交往。"② 我国著名学者夏勇更是一针见血地指出："农村不仅是一个地域概念，而且是一个政治概念。"③ 因此，农村就是农民依靠自身劳动实现生活上自给自足的城市之外的广大区域。农民在生产生活中所形成的思想、观念、文化等就构成了农村社会的基本要素。

在当代发达国家，农民（farmer）完全是一个职业概念，指的是经营农场（farm）的人。这个概念与工人（worker）、渔民（fisher）、商人（merchant）等职业并列。在法律上他们都是公民（市民），只不过从事的职业有别。而在许多发展中国家，农民一般不被称为"farmer"，而被称为"peasant"，与汉语中的农民的含义更贴近，但在英语中"peasant"的含义则比"farmer"复杂。无论在科研中还是在日常生活中，人们所理解的"农民"

---

① 参见周沛《农村社会发展论》，南京：南京大学出版社，1998年版，第3页。

② 《马克思恩格斯全集》第1卷，北京：人民出版社，1965年版，第693页。

③ 夏勇：《乡民公法权利的生成——原理与现实》，载夏勇主编《走向权利的时代——中国公民权利发展研究》，北京：中国政法大学出版社，1999年版，第616页。

不仅是一种职业，而且也是一种社会等级，一种身份，一种生活状态，一种社区乃至社会的组织形式，一种文化模式，一种心理结构。①

在我国，传统上人们所理解的"农民"就是指具有农业户口，从事农业生产经营的劳动者，是与城镇居民相对应的一个概念。② 农民更多的是一种身份的象征，是一种社会等级或社会结构，而很少有人认为农民是一种职业。但是随着社会经济的发展这一界定明显具有漏洞，现在很多农民已经不再从事农业生产经营活动，但人们仍习惯上称之为农民，比如个体户、私营企业主等；很多不具有农业户口的人也通过承包土地等方式从事农业生产经营活动，但他们不是农民，而是科研人员、城镇下岗职工等。改革开放以来，我国社会的发展使农民群体发生了更进一步的分化，农民的身份也出现了多元化发展的趋势，并且这种速度还在加剧，比如：农民工、农民企业家、农民个体户、农民专业户等。据统计，现在全国城市约有 8 800 万农民工，乡镇企业中还有 1 000 万至 2 000 万工人。③ 一种说法认为农民工的数量在 6 000 多万到 1 亿人之间。④

随着我国户籍制度改革的深入发展，居民的观念将逐步淡化，公民（市民）的观念将逐步深入人心（"居民身份证"改为"公民身份证"就是一个明显的例子），农民作为一种社会等级

---

① 李佐军：《中国的根本问题——九亿农民何处去》，中国发展出版社，2000 年版，第 74 页。
② 汪荣康主编：《农业政策与法规》，北京：经济科学出版社，1996 年版，第 94 页。
③ 王立彬等：《享受城市"阳光"有多难》，《瞭望新闻周刊》，2002 年第 9 期，第 14 页。
④ 李代祥整理：《胡鞍钢谈：善待进城农民工》，《瞭望新闻周刊》，2002 年第 9 期，第 17 页。

成分的观念将会淡化，但并不一定就会消失，在我国要消除"农民"的称谓在一定程度上是不可能的，在人们的观念中消除农民与居民的差别更是任重而道远。但是，我们应该树立一种新的观念，农民是一种职业，与工人、知识分子一样都是劳动者，而不再是一种身份的象征，就像枷锁一样，一旦套上"农民"这一称呼就很难再发生变化，农民成为世袭的身份。（传统上有三种摆脱农民身份的途径：一是读书就业；二是农转非；三是提干。）近年来，随着城市化的加速，更多的人口将会转为城市居民。农民向城市转移将会是今后一段时期内我国的一大发展战略。比如：《北京市关于推进小城镇户籍管理制度改革的意见》规定，本市14个卫星城和33个中心镇的规划区内，凡持有本市农业户口的，均可根据本人意愿办理城镇常住户口。上海市也规定凡2001年1月1日起在郊区农村出生的小孩，都可以报城市户口。①

因此，我们认为，农民简单讲就是指从事农业生产经营的公民或劳动者。

2.1.2 农村社会的概念与特征

农村社会是与城市社会相对而言的，是我国社会结构的基本构成要素。目前理论界对社会结构的划分主要有三种观点：第一种观点坚持二元论，认为社会（或国家）主要由两个不同性质的相互独立的社会子系统组成，一元是条件相对优越、享有现代生活方式和生活观念的发达城市社区，一元是条件相对恶劣、拥有传统生活方式和传统生活观念的落后农村地区。② 第二种观点

---

① 参见《领导决策信息》，2002年第43期，第15、23页。
② 李佐军：《中国的根本问题——九亿农民何处去》，北京：中国发展出版社，2000年版，第67页。

坚持多元论,认为社会中存在不同利益的群体(或政党),人们具有多样性的社会方式、价值观念和文化。第三种观点坚持断裂论,认为在工业化和现代化的进程中,整个社会要从一个以农村为主的社会转变为一个以城市为主的社会,如果不能顺利实现这种转变,就会形成一个断裂的社会。① 也有学者指出我国存在"一个中国四种社会"(农业社会、工业社会、服务业社会和知识社会)的观点。②

这四种观点应该说都具有一定的道理。第一种观点从宏观上把握整个社会结构的基本组成部分,有利于动态把握社会的整体发展趋势,有助于准确掌握基本国情;第二种观点从多个层面研究社会构成,具有针对性和局部性,但不利于把握整个社会整体的情况;第三种观点从微观上分析社会的发展与运行,重在强调社会发展中的相互性与互动,但对于整个社会而言只是区域性问题;第四种观点侧重于以产业结构的划分和社会生产方式为依据来划分。因此,我认为,从整个中国社会来看,中国当前的社会结构仍然是城市与农村二元分治的基本局面,并且这个局面还将会长期存在,至少在短期内不会消失。

所谓农村社会就是指以农村作为地域基础,具有传统生产生活方式和传统观念以及保留着传统文化和价值观念的社会系统。它是我国社会的重要组成部分,是与城市相对而言,具有很多自身的特点。

第一,地域性。农村社会是以农村的存在为前提的,没有农村也就不存在农村社会。农村与城市在地域上的差异主要是通过不同的区域位置和生态系统表现出来,农村多为山区,自然条件

---

① 孙立平:《我们在开始面对一个断裂的社会?》,《战略与管理》,2002年第2期,第9—15页。

② 胡鞍钢:《中国基本国情的三大特点》,《党政干部文摘》,2002年第11期,第43页。

十分艰苦,生存环境十分恶劣,人口相对较少,并且居住分散,人员流动不大,保持自给自足的生产生活方式,经济文化落后;而城市多为坝区或平原,土壤肥沃,生存条件好,人口比较集中,人员流动性大,交通等基础设施发达,经济文化相对发达,代表着社会发展的潮流和趋势,引导着人们的生活方式和思想观念。

第二,相对性。城市与农村是社会发展中的两面镜子,可以相互参照,没有城市的快速发展和现代性,就无法判断农村的缓慢发展与传统性;没有农村的愚昧、保守和无知,也就无法说起城市的文明、开放和理性。所以,我们在批判农村落后的同时,往往是以城市的发达作为参照系的;我们在批判城市道德滑坡、人与人之间关系功利化的同时,刚好又是以农村的朴实和人与人之间注重感情的交流作为参照系的。我们不能武断地说在城市是好的而在农村就变成了坏的,或者在农村是好的而在城市就变成了坏的这样的结论,简单地把城市当成农村的反面或把农村当做城市的反面,形成一种非此即彼的判断。但是我们不能否认农村与城市的相对性,更不能否定农村对城市的贡献,农村不仅是城市的发源地,而且也是城市的母体。

第三,传统性。农村社会之所以成其为农村,不仅在于地域的特殊性,多为高山峡谷和丘陵山地,而且也在于生活方式、生产方式、思想观念、价值取向的传统性,以农耕生活为主要生产经营方式,以自给自足为主要生产目标,没有工业,也没有现代化的生产方式;居民的日常生活和交往主要以血缘关系和亲缘关系为纽带,处于熟人的生活圈层,很少与陌生人来往;没有商品的高速流通,也没有大量的物质交换,人们之间只存在互助性物质交换以及以物易物的简单物质流通;传统文化的传承与扩散主要依赖于人们的口耳相授,没有统一的、规范的载体和途径。

第四,历史性。农村的发展目标最终是城市,也就是说农村可以转化为城市,但并不是所有的农村都可以转化为城市。随着经济发展的加速,城市规模、数量都在急剧增加,城市化建设成为我国现代化建设中的一大战略措施,要实现现代化就必须使大量的人口向城市集中,我国的发展已经使沿海很多农村迅速城镇化,出现村村像城镇、镇镇不像城的景象,甚至在一些大城市的发展中还出现"城中村"的现象,使我们要在城市和农村之间划一条明显的界限成为非常困难的事。因此,我们必须历史地看待这一问题,历史上的城市与今天的城市不可同日而语,今天的农村与历史上的农村也没有可比性,应该树立一种历史的观念,用发展和辩证的眼光来看待农村社会,否则就会陷入现实的迷雾中。

2.2 中国社会结构二元分层的意义

尽管人们对社会发展结构有不同看法,理论界对我国社会结构的划分也存在不同意见,这极大地丰富了我国社会分层理论,为更深入分析社会存在状况等提供了分析框架和依据。但是,我认为我国的社会结构从整体上看还是城乡二元分层的理论或说法比较准确,基本上能够反映我国社会的实际,具有普遍性和一般性,对于全面准确地理解我国的社会实际和社会发展状况具有十分重要的意义。

2.2.1 有利于正确分析我国国情

我国的基本国情简单讲就是正处于并将长期处于社会主义初级阶段,党的十五届六中全会提出我国已进入全面建设小康社会的崭新时期。但是社会主义初级阶段是建设有中国特色社会主义的很长历史过程中的初始阶段,我们必须坚持而不能超越。这是从我国的整体来看得出的合理结论,如果从局部看,沿海开放城市在 21 世纪初要率先基本实现现代化,而广大西部地区的农村有些还处于比较原始的刀耕火种的生产方式和生活水平极度低下的发展时期，还处于初级阶段的低层次，甚至有的地方连基本的温饱都还没有解决。如果我们不认真分析中国社会的两大构成部分，有区别地看待城乡发展之间的巨大差别，甚至城市中贫富之间的差别、农村中贫富之间的差别，就会要么片面认为中国一片繁荣，要么认为中国极度落后。所以，说我国已经进入全面建设小康社会的新阶段，是从全国总体上说平均实现了小康，而不是局部地区、部分人实现了小康；但事实是局部地区和部分人超过了小康，部分地区和部分人实现了小康，而更大的地区和更多的人还没有实现小康，甚至还处于温饱和贫困线以下。所以，正确分析我国社会结构的城乡二元性，有助于认清我国的基本国情，既不盲目乐观，也不悲观怨世。

2.2.2 有利于正确认识我国的社会结构

作为中国这样一个大国，社会结构的构成无疑是十分复杂的，全国各地社会发展发育程度差别比较明显，经济文化的发展速度也有巨大差别，这就决定了我国社会结构的多样性与复杂性。但从宏观上看，我国社会结构比较符合城乡二元分层的划分和分类，原因在于：（1）如果划分太细，只适合作微观的分析与比较，而在全国不具有普适性和一般性；（2）如果坚持一元论，则明显不符合我国的实情；（3）我国从宽泛意义上将人口和地域分为农民和城市居民以及农村和城市；（4）城市和农村客观上构成了我国社会结构的两大主要元素，离开了农村和城市这两个基本元素，我国社会结构的划分就丧失了基本前提和依据。

2.2.3 有利于正确认识我国的社会阶层结构

毛主席在《中国社会各阶级的分析》中明确指出："谁是我

们的敌人？谁是我们的朋友？这个问题是革命的首要问题。"①这一描述深刻指出了社会分层的重大意义。正确认识和分析社会阶层结构的变化和发展趋势，以及他们之间的相互关系，在社会主义事业建设中的地位和作用，对于科学合理地划分现阶段的社会阶层结构具有十分重要的意义，有利于正确认清我国的基本国情，有利于制定正确的发展战略和对策。

改革开放三十多年来，中国进行了经济政治体制改革，经济文化和社会迅速发展，社会阶层结构也在发生着深刻的变化，阶层内部不断发生分化，新的阶层逐步产生，各阶层的社会地位也处于一个动态的发展变化之中，有的阶层地位正在上升，而有的阶层社会地位反而下降，整个社会的阶层结构在新中国成立初期的工人、农民、知识分子或者工、农、商、学、兵等基础上向多元化方向发展。江泽民同志也指出："改革开放以来，我国的社会阶层结构发生了新的变化，出现了民营科技企业的创业人员和技术人员、受聘于外资企业的管理技术人员、个体户、私营企业主、中介组织的从业人员、自由职业人员等社会阶层。而且，许多人在不同所有制企业、不同行业、不同地域之间流动频繁，人们的职业、身份经常变动。"② 也有学者将我国现阶段的社会阶层分为十大阶层，即"国家与社会管理者阶层、经理人员阶层、私营企业主阶层、专业技术人员阶层、办事人员阶层、个体工商户阶层、商业服务业员工阶层、产业工人阶层、农业劳动者阶层和城乡无业失业半失业者阶层"③，同时每个阶层内部还可以划分为若干个阶层。

---

① 《毛泽东选集》第1卷，北京：人民出版社，1967年版，第1页。
② 江泽民：《在庆祝建党八十周年大会上的讲话》，《人民日报》，2001年7月2日，第1版。
③ 陆学艺主编：《当代中国社会阶层研究报告》，北京：社会科学文献出版社，2002年版，第8页。

2.2.4 有利于准确把握社会发展的基本方向

社会发展并不总是单一和固定不变的,人类社会的发展变更也并不总是完全按照马克思、恩格斯关于社会发展的"原始社会、奴隶社会、封建社会、资本主义社会、社会主义社会和共产主义社会"的阶段划分和发展模式来运行的。在特定情况下也还会出现一些特例。任何社会都要分为若干发展阶段,而并不是单一的发展阶段或者形态。正确分析我国的社会结构,对于认清我国的社会发展状况,制定正确的发展战略和对策,作出科学合理的社会发展阶段的划分,有针对性地作出相应的发展部署具有重要的意义,有助于准确把握社会发展的基本方向。我国正是在分析了我国社会发展的不同情况的基础上,及时得出了我国还处于并将长期处于社会主义初级阶段的论断,我国社会主义初级阶段的发展要分"三步走"的发展战略。① 当形势进一步发展以后,又在中共十五届六中全会上通过了《中共中央关于加强和改进党的作风建设的决定》,明确提出我国已进入全面建设小康社会、加快推进社会主义现代化建设的新的发展阶段,并且在党的"十六大"报告中进一步明确了用 20 年左右的时间,使人均GDP 达到 3 000 美元,完成"第三步"战略目标,实现和达到中等发达国家水平。

党的十七大则明确提出,全面建设小康社会是党和国家到2020 年的奋斗目标,是全国各族人民的根本利益所在,实际上明确了全面建成小康社会的时间表。党的十七届三中全会通过了《中共中央关于推进农村改革发展若干重大问题的决定》,进一

---

① 2000 年我国国内生产总值达到 89 404 亿元,平均每年增长 8.3%。人均国民生产总值比 1980 年翻两番的任务,已经超额完成。参见朱镕基《关于国民经济和社会发展第十个五年计划纲要的报告》,《人民日报》,2001 年 3 月 8 日,第 1 版。

步明确了我国社会发展的阶段性特征,总体上我国已经进入以工促农、以城带乡的发展阶段,进入加快改造传统农业、走中国特色农业现代化道路的关键时刻,进入着力破除城乡二元结构,形成城乡经济一体化的重要时期。

2.3 农村社会在我国法治化进程中的地位

任何一个民族,任何一个国家,法治都不是从来就有的,而且法治社会也不是绝对的、纯粹的,真正的法治社会只能是一种理想。现实中和实际的法治主要是指一个社会中的基本原则是体现多数人的意志和社会公共意志,而不是少数人的意志。法治化的程度表明一种发展的状态或者方向,但并不是说明和描述一种纯粹的、绝对的法治状态,因为法治本身也蕴涵着人性的基础,包括人们的道德倾向、感情伦理、价值判断、是非标准等人性因素,纯粹理性的、僵死的法治不仅不存在,而且也是不可行的。

诚然,农村社会在我国社会结构中具有举足轻重的地位,实施依法治国、建设社会主义法治国家,离开农村社会是不可能实现的,没有农村社会的法治建设,就不可能实现建设社会主义法治国家的目标,农村社会不仅是法治现代化建设的重要阵地,而且也是实现建设社会主义法治国家的关键。

第一,农村社会是我国法治建设的主阵地。我国是一个农业大国,农业、农村、农民问题始终是关系到我国经济发展和社会稳定的首要问题,小平同志曾经说过:"中国有百分之八十的人口住在农村,中国稳定不稳定首先要看这百分之八十稳定不稳定。城市搞得再漂亮,没有农村这一稳定的基础是不行的。"[①]
"任何社会的发展,任何现代化的计划,最后都应是人的发展和

---

① 《邓小平文选》第3卷,北京:人民出版社,1993年版,第5页。

人的现代化,社会人口的主体发展到何种程度,决定着一个社会的最终发展。"①

在研究中国法治现代化的进程中,我们必须清醒地看到中国还有80%的人口是农民,国土面积的90%左右属于农村,在一定程度上说,中国不仅是一个农业大国,而且也是一个农村大国和农民大国,解决中国的问题的根本出发点和落脚点都在农村。中国的根本问题仍然是农民问题,没有农民生活水平的提高与改善,没有农民自身权利意识的觉醒,没有农民法治观念和法律意识的增强,中国的法治建设必将具有城市的局限性,很难在全国和全体公民中形成法律至上的权威。目前,我国法治更多地依靠政府的推进,还没有完全内化为人们的内心信念和自觉自愿的行为。

第二,农村社会法治化的程度是检验整个社会法治化程度的依据。法治是一种以民主作为基础的运用法律来进行国家和社会管理的手段、方式和结果的总称。② 那么,法治化就是指实现法治的动态过程或者朝着法治发展的一种方向。当前,建设社会主义法治国家成为一句非常流行的意识形态话语,法治及其法治化也成为理论界研究、解读、探索的热点话题。但是,如果我们抛开法治的理想,回到现实中冷静地思考一下中国法治建设面临的问题,不难发现,要在占国土面积90%以上和居住着占总人口80%的农民的广大农村实现法治化是一项十分艰巨的任务,这是我国法治建设中必须首先加以解决的重大课题。换句话说,检验中国法治化的程度如何,只要看一看农村社会的法治化程度就一目了然了。这就决定了"没有中国农村的法治化就没有整个中

---

① 王沪宁:《当代中国村落家族文化——对中国社会现代化的一项探索》,上海:上海人民出版社,1991年版,第7页。
② 卓泽渊:《法治泛论》,北京:法律出版社,2001年版,第83页。

国的法治化"的断言并不是一种简单的、武断的主观判断,"如果说,中国城市的法治化尚有一个艰难的历程,那么,中国农村的法治化任务就更为艰巨"①。

第三,农村社会法治化是农村文明进步的标志。法治文明属于制度文明的范畴,是政治文明的重要组成部分。改革开放以来,我国农村取得了举世瞩目的成就,农民基本上解决了温饱问题,农村社会中经济的发展和物质文明的繁荣,使农村社会发生了根本性的变化。但是农村社会光有物质文明的进步是不够的,还必须有精神文明的繁荣与进步,同时也还要有农民法治意识的提高、农民自我管理、实现村民自治以及村务公开等制度的健全和完善,在物质文明和精神文明取得进步的基础上,进一步推进制度文明,提高农民参与国家政治事务的水平和能力,实现法治文明。如果说物质文明解决了农民的生活问题,使农民迈上了富裕发展的小康之路,精神文明使农民更加幸福充实,那么法治文明则使农民走上了依法维护自身合法权益、积极投身国家和社会事务的管理的坦途。因此,农村社会法治化的程度不仅反映和体现着农村社会物质文明和精神文明的最新成果,而且也反映和体现出农村社会文明进步的历史轨迹。法治化不仅是农村文明进步的标尺,而且也是建设社会主义新农村的必然选择和发展趋势。

第四,农村社会法治化是实现建设社会主义法治国家的关键。农村社会在中国的特殊位置,历史和客观地决定了农村社会的法治化建设是建设社会主义法治国家的关键环节。很难想象,一个国家要实现法治化而不顾80%的人口和90%的国土面积所覆盖的农村社会。人口和土地是构成国家的最基本要素,国家的一切政策、方针、路线和战略都是要在土地的空间领域依靠一定的人口来实现的,离开这些要素也就无从谈起法治化,要么成为

---

① 卓泽渊:《法治泛论》,北京:法律出版社,2001年版,第70页。

一种纯粹的理性建构,要么直接就是一种空想或空谈。要真正建设一个富强、民主、文明的社会主义法治国家,就必须正视我国的实际,在大力推进城市法治建设的同时,把战略重点放在农村,推进农村社会的法治化。当然,在农村社会推行法治,所需要付出的成本将会更加巨大,是一个相当漫长的过程,甚至农民的基本法律素质、村落文化、风俗习惯、社会舆论、道德伦理等都会成为法治的巨大障碍,但是,农村社会法治化的艰巨性和长期性不仅没有降低其在我国法治化建设中的地位,反而更加突出了这一地位。

2.4 影响农村社会法治建设的主要因素

改革开放以来,我国农村社会发生了翻天覆地的变化,人民生活水平普遍提高,基本上实现了小康,但还处于低层次、低水平和不全面的小康。与经济建设相适应,我国的民主法制建设也得到了很大的发展,而在广大农村地区法治建设的任务还很艰巨,还受到多种因素的制约和影响。

2.4.1 农村经济落后,缺乏实现法治的物质条件

马克思主义理论认为,经济基础决定上层建筑。有什么样的经济基础,就有什么样的上层建筑。法治建设作为上层建筑的重要组成部分,受到经济基础的制约和限制。党的十五届五中全会提出,从新世纪开始,我国进入了全面建设小康社会,加快推进社会主义现代化的新的发展阶段。党的十六大又提出了全面建设小康社会的目标和具体的步骤。从整体上对我国社会的发展阶段作出了准确的定位,但在广大的农村地区,尤其是边远贫困地区,还有几千万人没有解决温饱问题,地区之间、城乡之间、贫富之间的差距和发展的非均衡性比较明显,不仅是制约农村社会

全面实现小康目标的瓶颈,而且也是制约农村社会实现法治化的瓶颈。

在边远贫困地区的农村,由于生活水平低下,使得农民首先关注的是生活的基本需要,即"如何吃饱、穿暖"等基本的生存问题,而对于生活的质量既无力关注,也没必要关注。对一个连肚子都吃不饱的农民讲"法治如何美好、法律如何有效"的结果是不言自明的,简单地用法盲一词去形容一些为了几棵庄稼而相互斗殴,甚至致人死亡的事件,是非常浅薄的,也是不恰当的。在这个时候生存的本能和对生的渴望已经取代了理性的意志,不计后果甚至以命相拼是万不得已的选择。法律和法治建设问题属于上层建筑和意识形态领域,属于精神生活的范畴,在农民基本的生活积累还没有达到一定的量的时候,是很难发生质的变化的。农民从关注基本的生活问题,到关注自身的权益有一段过程,而这段过程首先应当表现为经济的发展,只有农村经济发展了,农民的权利意识和主体意识才会高涨,对法治的渴求和需要也才会增加。

2.4.2 农民法律素质低,缺乏实现法治的思想观念

在我国农村,广大农民群众受教育的程度很低,文化水平和素质普遍不高,文盲、半文盲还很多,而法律知识素质就更低,法盲的数量远远超过文盲的数量。人们对法和法律的认识仅仅是对刑法的一种感性认识,而对其他法律知之甚少,或者一无所知。人们往往认为只要自己不违法犯罪,法律就离自己的生活很远,法律也不能和不会干预自己的生活,只有违法犯罪了,法律才会起作用。人们在对法律一无所知的情况下,对法律抱有的是一种消极无用的态度和观念,人们不会期盼法律能够改变什么,为自己的生活带来什么,也不认为法律能切实保护自己的合法权益。由于人们对法律的无知,导致人们不仅没有法律至上的观

念，而且没有法律的概念。人们把法律看做遥远的、空洞的、不具体的、无用的东西，而不是实在的、有用的和有价值的生活准则。①

在农民群众的观念中，法治不仅是遥远的，而且是陌生的，他们不知道法治为何物，也不知道自己有哪些权利，在其潜意识中，"应该"和"不应该"做什么的观念是牢固的，即义务是第一位的。他们认为，服从国家和政府的管理、按来自于政府及其公职人员的意志办事是必须的、应该的，是农民的本分，而依法享受权利则是模糊的，绝大多数农民根本没有权利意识和观念，更不敢把权利和义务联系起来。②农民法律知识的欠缺，制约了农民对法律文化、法律思想的理解，阻碍了对法律至上和法治精神的认同，更难于在内心中产生触动，并外化为自觉的行为。

2.4.3 法治成本较高，农村缺乏实现法治的土壤

在商品社会，任何事物都可以从经济的角度展开分析，法治作为商品经济时代的产物，不仅受到商品经济的制约，而且也需要商品经济作为其基础。换句话讲，法治的发展完善和最终实现都离不开经济的发展和支撑。无论是"实质上的法治"（是指在人们的思想中牢固树立法律至上的观念和一切行为都依照法律行事，尤其是公共行为的行使）的实现，还是"形式上的法治"（人们拿起法律武器维护自身的合法权益，在全社会形成讲法治的舆论氛围，但实质上还处于人治的状态）的实现，都必然需

---

① 李育全、马雁：《农村社会法治化的发展与构建》，《华中农业大学学报》（社会科学版），2000年第3期，第57页。

② 近年来，也有少数农民与政府对簿公堂的事例发生，但个别典型无法代表中国的老百姓，对本文的分析也没有冲突和矛盾之处，因为本文的基点是立足于分析边远贫困地区的农民，而边远贫困地区的农民很难有这样的作为。

要一定的经济成本和条件,否则法治就会成为一个空洞的口号。

"实质上的法治"的实现是一个系统工程,不仅需要国家在法学教育、立法、司法、法治宣传等方面加大投入,而且也需要国家在文化、经济、社会、政治、精神文明等方面加大投入,而且并不是一朝一夕就可以见效的,或者说并不是有投入就一定有产出。这需要一个长期的积淀和熏陶,只有当人们的思想观念与实际投入的要求基本一致的时候,法律至上的观念才能够树立起来,法治也才会具有实际的意义,而不是仅仅停留在书本上或者口头上。我国当前的法治建设在一定程度上还处于表面上轰轰烈烈、形式上热热闹闹,而实质上还完全受制于权力、关系、人情、金钱等外部条件,还没有真正的法治可言。

"形式上的法治"的实现难度相对要小,从舆论环境上讲,全社会都笼罩在法治的口号下,依法治国、依法治市、依法治校、依法治厂、依法治村等基本上成为全国各行各业和地区的首要目标,人们拿起法律武器维护自身合法权益的现象更加普遍,全国甚至出现了"1元钱官司"、"5毛钱官司"等案件。进一步追问,我们不难看到现象的背后还存在一些问题:依法而治的程度如何?究竟有多少地方、多少行业实现了依法而治?农民对法治的态度如何?农民采用法律途径维护自身合法权益的能力如何?

实际上,很多农民群众在遇到侵害自身合法权益的情形时,即使知道可以通过法律途径解决,也因为实际没有经济能力(比如预交诉讼费、到法院或者法庭的路费等)而望而却步,如果再考虑上司法腐败、人际关系、学习法律知识等隐性成本,打官司对于农民来讲意味着更大的风险和成本,"偷鸡不成反蚀把米"。因此,农民宁可私了,甚至忍气吞声或者规避法律,抱有一种"惹不起躲得起"的心理,这是一种权衡利弊的心理,也是一种经过最直接的经济成本的预算之后得出的结果。正如苏力先生所言:"法律规避所证明的并不是行为人对法律的无知和非理性,而恰恰证明了他们的理性。而这样一来,这里也就证明了在中国目前的社会文化条件下,国家制定法在某些方面是不完善的,因为受害人的接受法律保护可能要求受害人付出更大成本。"① 但是农民也有固执的一面,一旦把其逼急了,也会出现不惜一切代价,甚至以命相抗争的情况,而这种情况非常少见,不具有普适性和一般性。

2.4.4 人治观念根深蒂固,农村缺乏实现法治的人文环境

自西汉董仲舒"罢黜百家,独尊儒术"以来,儒家思想成为中国几千年封建社会的正统思想,儒家"重德轻刑",强调"德主刑辅"。江泽民同志在2000年全国宣传部长会议上又提出了"德治与法治相结合"的思想。实际上,在我国历史上关于"法治、德治与人治"的争论,在很大程度上并不是只要"人治"或者"德治"而否认"法治",只是强调"以谁为主"的问题。历史上,我国曾长期存在德治法治之争,即德治与法治孰优孰劣,是坚持德治或者法治的"一元论",还是坚持法治与德治并重的"二元论"。在"二元论"中还存在有没有主次之分,以谁为主的问题,是坚持"德主刑辅",还是"法主德辅",或者二者兼容?无论是儒家还是法家都强调二者的重要性,但分歧在于德治与法治以谁为主、谁更优。结果儒家占据上风,儒家强调"德主刑辅",使得德治在中国几千年封建社会中占据主导地位,但由于历史的局限性,古代的德治与法治在本质上都是"人治",使德治与法治流于形式,仅仅停留在思想争鸣的阶段,而不可能真正成为治国的理念和措施。把德治与法治结合起来,

---

① 苏力:《法治及其本土资源》,北京:中国政法大学出版社,1996年版,第47页。

强调了二者同样重要，既避免了以谁为主的争论，也更加具有人文关怀的性质。

法治并不必然排斥德治和人治，三者应当是辩证的统一。没有人的参与，法治和德治都是不可能实现的，人不仅是法治的主体，而且也是法治的客体。法治最终要依赖人的能动性来实现，而实现法治最终是为了人们更好地生活。但是由于传统的法律文化和观念的影响，人们往往把法治与人治对立起来，强调法治就要抛弃人治，强调人治就淡化法治，于是在人们的观念中始终是人治占据上风，很难把二者统一起来，形成一种根深蒂固的观念，甚至觉得人治更可靠，因为法治终归要靠人来实现，在这个时候，与其说人们相信法律，不如说人们相信的是人。

在农村社会中，由于国家权力和司法权都处于末梢地位，法律知识的普及程度、法治宣传的力度、法律事件的正面熏陶、司法权威和法律权威的正面影响、法律的正义性和公正性的体现都明显不足，农民对法律和法治没有太多的正面感受，也没有体验到法治的优越性和实惠，使得农民对法律的情感很难建立起来，对法治的信心和期望不足，还没有形成一个良好的农村法治人文环境。

2.5 农民法治观念的误区

农民是我国最广大的人民群体，占中国人口的绝大多数。改革开放以来，农村经济、社会已发生了巨大的变化，必然引起人们观念的巨大变革。在我国社会法治化的进程中，农民法律意识水平的高低、法治观念的强弱，直接决定了"依法治国，建设社会主义法治国家"的进程。当前，我国农民的法治观念已经发生了巨大变化，民主法治意识进步很快，但也还存在许多认识误区，这既有传统文化的遗痕，也有农村社会教育程度低、经济不发达的制约因素。对农民法治观念中的误区进行必要的梳理，不仅可以正确审视农民的法治观念,而且还可以准确定位我国社会的法治化进程。准确把握中国农民法治观念的现状与趋势,正确引导农民树立正确的法治观念,塑造一大批具有现代法治观念的新型农民,是中国农村经济社会可持续发展的重大任务,也是中国社会法治化进程中的首要任务。

2.5.1 相信人比法律更重要,农民缺乏法律至上的信仰

我国农村长期以来是"熟人社会",由于人际资源和公共救助手段的贫乏,农民的生产生活主要依赖人际关系,谁能建立良好和谐的人际关系,谁就能更好更顺利地开展生产生活。同样,农村基层工作的开展也主要依靠人际关系,"认为农村基层工作完全依据法律与政策的农民只有20.19%;绝大多数农民认为农村基层工作并不是以国家法律与政策为准,而是靠人际关系、请客送礼等"①。"中国农民日常行为的准则,首先考虑的是人际关系。人际关系、领导态度、吃亏与否是农民日常做事主要考虑的因素,仅仅有21.36%的农民考虑到是否违反政策或法律。"② 在遭遇纠纷或困难时,农民更愿意借助人际关系解决问题,而不愿意借助法律途径和手段,人的权威性远远高于法律。在农民的观念中,法律是"死"的,人是"活"的,法律不仅要由人来制定,而且还得由人来实施,人比法律更可靠。不仅没有把法律看做约束人们行为的规范和手段,反而把人看做驾驭和控制法律的主宰者。农民更愿意相信人,也不愿意相信法律。主要表现在:(1)相信领导,但农民对领导的信任感呈下降趋势。因为领导是人民的公仆,在农民群众中具有较高的威信,农民遇事无论大

---

① 农业部农村经济研究中心、当代农业史研究室编:《当代中国农业变革与发展研究》,北京:中国农业出版社,1998年版,第221页。

② 农业部农村经济研究中心、当代农业史研究室编:《当代中国农业变革与发展研究》,北京:中国农业出版社,1998年版,第221、213页。

小，均愿意找领导解决，这种方式快捷简便，省时省力。近年来，由于社会风气的影响，领导干部的形象在农民群众中有所降低，农民对领导的信赖感也随之降低。"中国农民对社会风气的评价是比较差的。传统的有道德、有理想、有苦干精神的人被认为是难以过上好日子的人。有权、有钱、有关系、有门路被农民看做是现在社会中最有用的东西。"① （2）相信干部。在农民心目中，干部是国家政策和法律的执行者，能正确分析问题，是明事理、晓是非的人，对其意见尊重有加。（3）相信熟人和村中具有一定威望的人。中国传统农村社会既是"乡土社会"，也是"熟人社会"，他们之间有着宗族、地缘、亲缘等错综复杂的关系。这也是农民在人际资源中最具潜力可挖的部分。所以，农民愿意将自己的大小事务与熟人商量共处，愿意由有一定威望的族人、长老或具有一定地位和影响的"民间人物"裁决。这一方面大大维护了农村社会的稳定，促进了农村的民族团结；另一方面也大大地减少了国家有关部门的工作压力。但却出现了规避法律，法律与人情、"国家法"与"民间法"相冲突等问题。究其原因主要有：①法律途径成本较高，而人际途径可以节省成本。②走人际途径快捷简便，省时省力。③传统人治观念根深蒂固，农民缺乏法律理性意识和崇尚法律的精神。

2.5.2 相信政策比法律更有效，农民对政策持肯定态度，而对法律持怀疑态度

从理论上分析政策和法律究竟谁更有效，确实是一个难题，很难作出统一的定性。政策具有比法律更优越的灵活性和时效性，而法律也具有政策无法比拟的稳定性和长期性。改革开放以来，

---

① 农业部农村经济研究中心、当代农业史研究室编：《当代中国农业变革与发展研究》，北京：中国农业出版社，1998年版，第224页。

党的一系列农村政策，使农村焕发了勃勃生机，使农民得到了实惠，而农民又是比较注重实际的群体，加之政策在农村的强大宣传攻势，确实做到了政策深入群众、深入人心，农民对政策产生了极大的信赖感。而法律在农村的宣传力度相对较小，且不能直接给农民带来实惠，尤其是对农民个体而言，法律的功效性就更加不明显。农民更关心政策的变化和可能给自己带来的利弊，而对法律则往往持一种漠然视之的态度。从公共秩序、农村社会经济的持续协调发展看，法律无疑是潜在的最佳调节器和控制器，是农村社会稳定繁荣的标尺。政策却能指引和规范农民的短期行为，激励农民致富奔小康，成为农民发家致富的内在动力和精神支柱。从这一点看，政策在农村社会中起着动态的、明朗的规范和控制作用，而法律则起着静态的、潜在的规范和控制作用。

2.5.3 农民的道德情感重于法律理性，法律道德化的倾向明显

农民素来就具有传统、保守、不易接受新事物的一面。中国传统文化，尤其是传统道德文化对农民的熏陶比其他阶层更加明显。在道德情感和法律理性产生冲突的时候，农民的意识更倾向于道德。比如中央电视台《今日说法》栏目曾播过这样两个事例。其一，受害人家属悬赏缉拿肇事凶手，但当知情者提供线索（经查证属实）并索要报酬时，受害人家属拒绝给付。而此时当地村民的反应主要是：一是提供线索要取报酬的人大逆不道，乘人之危，雪上加霜；二是大家没有过多谴责肇事凶手，反而更多地谴责提供线索的人。村民从道德情感出发，认为向有关部门提供线索是公民的义务，向受害家属索要报酬属于见利忘义的不道德行为，却忽略了受害人家属作出悬赏承诺的法律事实。其二，某村一男子与一女子按当地习俗结婚，女方不愿与男方同房，男方在其亲属的协助下，与女方发生了性关系，女方告发，男方被

判入狱。全体村民，甚至当事人及其家属都非常纳闷，这算什么回事，结婚后发生性关系理所当然。但村民们却忽视了一个问题，结婚必须进行结婚登记这一法律问题。显然，村民们的谴责和迷惑的出发点是传统道德或者农村社会规范，村民们从道德立场上去看待法律问题，自然就产生了不解。从表面上看，法律似乎不近人情，但法律不仅要维护个体的合法权益，更要维护社会的整体正义。如果在个案上用感情和道德的判断取代法律价值，实质上就会影响法律的普世价值，损害更多人的合法权益。又如"大义灭亲"案件，人们往往更加同情"凶手"，而谴责受害人。"大义灭亲的事情时有发生，而且往往得到民众以及基层干部的广泛同情，后者以自发或者有组织的形式向政府或司法机构施加压力，迫使他们在作出判决时从轻和减轻，而事实上，这种努力通常都会产生一定效果。"① 如此类事件，在我国农村并不鲜见，带有一定普遍性。探究其中之原因，笔者认为，农民在看待此类问题时，往往是从道德情感和个体价值判断出发的，他们只看到了个体的价值的损害性，却忽视了整个社会的价值需求。从整个社会和国家、民族的整体利益出发，必须用法律维护整个社会的公正、秩序及正义。在个体价值与社会价值的双重挑选中，法律既保护社会的价值需求，也保护个体的价值需求，但在社会价值和个体价值发生冲突时，法律更侧重于保护社会的整体价值需求，其实质是法律价值判断应当高于个体价值判断。

2.5.4 农民主动参与法治建设的程度还很低，被动适应我国社会法治化的局面还没有发生根本性的改变

在传统的中国乡土社会中，法律文化不够发达，农民的法治

---

① 王铭铭、王斯福主编：《乡土社会的秩序、公正与权威》，北京：中国政法大学出版社，1997年版，第449页。

意识相对比较淡薄。这就形成和决定了我国的法治化进程必然首先选择政府主导型，但民众作为建设社会主义法治国家的主体，必然对我国社会的法治化进程起着决定性的作用，这就决定了我国的法治化进程必然在政府主导型和民众推进型之间选择最佳结合点，以促进我国早日实现依法治国。在我国农村，随着经济的发展，农民的民主参与意识、法治意识有了明显的提高。但是，农民还不能从根本上认识自己在法治化进程中的地位和作用，还不能积极投身法治化进程，主观上还存在疏远法律、疏远政治的局面。"对中国公民来说，改革以来，虽然权利意识越来越具有主动性，但是，就整体而言，人们的权利意识仍然呈被动状态。"① 农民在我国社会中属于一个弱势群体，他们对自身的把握程度，对社会发展的预期和掌握的能力还很低，积极参与国家的民主法制建设的动力和积极性不足，往往处于一种被动适应的状态。所以，在我国社会法治化的进程中，农民和农村都处于被法治化的被动局面。这是由农村的经济、文化和社会发展状况以及农民的自身素质所决定的。

2.5.5 农民渴望实现法治的愿望与潜意识中规避法律的双重法律心理并存

近年来，社会安全感降低已不仅仅是农民的心理反应，而是全社会乃至全世界的普遍反应。由于社会现实中各种犯罪的日益增多，各种侵权现象时有发生，加剧了农民对法治的渴求，农民希望国家采取措施严厉打击各种犯罪，尤其是杀人、抢劫、绑架、拐卖人口、走私、贩毒、贪污等严重危害公民人身财产安全

---

① 高鸿钧：《中国公民权利意识的演进》，载夏勇主编《走向权利的时代——中国公民权利发展研究》，北京：中国政法大学出版社，1999年版，第83页。

和社会秩序的犯罪,以达到生活安全的目的。这不仅是我国社会法治化的不竭动力和源泉,而且也是农民法治观念增强、法治意识提高的表现。但是在农民个体的意识中,又不希望用太多的法律来约束自己的行为,相反却积极谋求规避法律的途径和方法。"在农村社会的一个方面,人们往往规避法律或者按照习俗行事,而不管是否合法;在国家一面,在力图贯彻其政策和法律的同时,退让妥协之事也往往有之。"[①] 简单讲,这是趋利避害的本能反应,农民要求用法律规范他人的行为,而落实到自己个体的行为时又希望能规避法律。"他们越是希望能有效规避制定法,他们就越愿意了解国家的制定法。"[②] 这种对法治既盼望又担心,既想又怕的双重心理,在农民的法治观念之中还有一定市场。

2.5.6 农民相对更注重法律调整的结果,而轻视法律调整的过程

在我国,无论是在城市还是农村,也无论是理论界还是实务界,都存在一定程度的重实体而轻程序的现象。对农民而言,农民对法律缺乏足够的了解,既缺乏对实体规范的了解,也缺乏对程序规范的了解。同时农民也缺乏对主动寻求实现实体权利的途径的了解。在对待法律问题的态度上,农民只注重法律调整的结果,即使产生了诉讼,农民仍然只关注官司的输赢,而从根本上忽视法律程序,忽视法律自身的运行过程,忽视法律不以人们的意志而独立存在并以自身的方式调控和维持着社会的秩序与正义的事实。从这个意义上讲,农民注重法律结果而忽视法律调整过

---

① 王铭铭、王斯福主编:《乡土社会的秩序、公正与权威》,北京:中国政法大学出版社,1997年版,第464页。
② 苏力:《法治及其本土资源》,北京:中国政法大学出版社,1996年版,第48页。

程，并不完全等同于重实体、轻程序的看法，而是把法律看做静态的、固定的东西，没有把法律看做动态的、有着自身运行机制的规范。所以，农民在对待法律的态度上，还存在条文化、固定化、静态化的倾向，只注重法律结果，而不能从更深层次上认识和理解法的动态性，从而忽视法律运行的过程。

第3章 农村社会中国家法的审视

> 无论是政治的立法或市民的立法,都只是表明和记载经济关系的要求而已。
>
> ——[德]马克思

3.1 国家法的含义、本质和特征

3.1.1 国家法的含义

什么是法?在古代汉语中,"法"与"律"可以互训,各自独立成词,但意思一样,可以替换使用。"法,常也。律,常也,法也。"① "律之与法,文虽有殊,其义一也。"② "法"和"律"都含有规范、划一、公平、公正的意思。在先秦时期,"法"专指各个朝代和诸侯国的刑典。李悝"集诸国刑典,造《六经》……商鞅传授,改法为律"③。自此,我国封建时期各个朝代的法典一般都称为"律"。在现代汉语中,"法"和

---

① 《尔雅·释诂》。
② 《唐律疏议》。
③ 《唐律疏议》。

"律"结合在一起形成一个合成词,"法"也还单独使用,但意思和"法律"基本一致,而"律"几乎不能单独使用。所谓法就是指体现统治阶级的意志,由国家制定或认可,受国家强制力保证执行的行为规则的总称,包括法律、法令、条例、命令、决定等。① 法律是指由立法机关制定,国家政权保证执行的行为规则。法律体现统治阶级的意志,是阶级专政的工具。② 一般地,法律有广义和狭义两种理解,广义的法律指法律的整体,即法律规范的总和。这时"法"和"法律"的意思基本一致,在语境中和表述上一般称为"法",它们在内涵和外延上是一致的。狭义的法律专指由国家专门的立法机关制定的规范性文件的总和。

什么是国家法?简单讲,国家法就是指国家制定法。什么是国家制定法?国家制定法就是国家机关根据统治阶级的意愿和要求,按照一定的程序,创制具有各种不同法律效率的规范。③ 所以,我们所说的国家法就是国家制定法,或者说国家制定的法律,并且是从广义上加以理解的法律。

3.1.2 国家法的本质和特征

马克思和恩格斯在《共产党宣言》中批判资产阶级的观念时指出:"你们的观念本身是资产阶级的生产关系和所有制关系的产物,正像你们的法不过是被奉为法律的你们这个阶级的意志一样,而这种意志的内容是由你们这个阶级的物质生活条件来决定的。"④ 这直接指明了资本主义法的本质。进一步追问,我们

---

① 《现代汉语词典》,北京:商务印书馆,1986年版,第296页。
② 《现代汉语词典》,北京:商务印书馆,1986年版,第296页。
③ 吴祖谋、李双元主编:《法学概论》,武汉:武汉大学出版社,1992年版,第14页。
④ 《马克思恩格斯选集》第1卷,第268页。

就会发现在阶级对立的社会中,法首先是统治阶级意志的体现。列宁明确指出:"法律就是取得胜利,掌握国家政权的阶级的意志的表现。"① 因此,直到现阶段人们在表述"法"或者"法律"的概念时,都离不开"统治阶级意志的体现或反映"的前提性表述。那么,在非阶级对立的社会中,法就应当是多数人的意志,或者一定人群的群体性意志。

法除了具有某种意志性以外,一般认为法还主要具有以下特征:(1)法是调整人们行为的规范或规则,具有规范性。(2)法是由国家制定或认可的,具有国家意志性。(3)法由国家强制力保证实施,具有国家强制性。(4)法是人人必须遵守的规范,具有普遍约束性。(5)法规定人们的权利和义务。

3.2 农村社会法治化进程中国家法的局限性

3.2.1 从制度供给上看,国家法在农村社会中出现了空间上的盲区

国家法作为现代文明的一种象征,不仅是国家权力的符号象征,而且也是一种制度设计。因此,要寻找国家法的实际运作,就得从国家制度和国家权力入手,透过国家权力的外在表现形式和国家制度的符号象征,不难找到法律作为国家权力的一部分在社会生活中的存在状况和实际作用。自18世纪法国著名思想家孟德斯鸠发展和完善了"三权分立"理论,确立了国家权力分为立法、司法和行政的"三权分立"模式以来,立法权、司法权在国家社会生活和政治生活中的地位日显突出,现代民主制度都不同程度地通过法律形式体现出来,最终以立法和司法的形式来加以实现。

---

① 《列宁全集》第13卷,第304页。

近年来，随着社会经济的日益繁荣和依法行政观念的逐步加深，法在人们生活中的地位和作用日益突出。由于我国还处于从"传统社会"向"现代社会"转型的重要时期，还没有真正形成"市民社会"和"民族国家"，社会与国家还没有完全融合为一体。"所谓'现代社会'与'传统社会'的差异，主要在于现代社会以民族——国家为特征，其突出表现是国家与社会的高度融合。"① 所以，在广大的农村社会中，国家法作为国家权力的一种象征，还没有完全融入其社会之中，还存在很大的局限性。主要表现为：国家权力的边际性、官僚体系的松弛性、基层组织的行政性和司法体系的末梢性。

3.2.1.1 国家权力的边际性

权力包含两重含义：一是指政治上的强制力量；二是指职责范围内的支配力量。② 国家权力就是指国家在政治上的强制力量，国家权力是通过一套组织严密的国家机构和具有可操作性的法律制度来实现的，而国家机构又往往是以一定的城市为基地和中心，形成以城市为圆心和以一定距离为半径的国家权力圈，并且这种圆圈并不成规则的圆，而在更多情况下是一种扇形的放射性的构成，比如全国就是以北京为圆心的放射性的扇形政治权力圈，而在这一大的圆圈内又存在若干个不同圆心的政治权力圈。但是有一点是共同的，就是政治权力的中心都在城市。因此，城市是国家权力的象征地，也是代表国家行使权力的国家机构的所在地和集居地，国家权力距离圆心越远其效力也就相对越弱，离城市越远的农村实际上也就离国家权力越远。

广大的农村社会，尽管仍然还处于国家权力的网状格局之

---

① 王铭铭：《村落视野中的家族、国家与社会》，载王铭铭、王斯福主编《乡土社会的秩序、公正与权威》，北京：中国政法大学出版社，1997年版，第24页。

② 《现代汉语词典》，北京：商务印书馆，1986年版。

中，但由于距离各种国家权力中心较远，所以国家权力的效力明显减弱。换句话说，国家权力是以国家暴力机器为其后盾，以一定的机构和一定的地域为中心来展开的，其运作需要具备一定的条件和依靠一定的载体，是一种格式化的运作模式，离开了其依附的载体，国家权力无法发挥应有的功效。这就决定了国家权力并不是在任何地方都具有同等的力量，一旦环境和地域发生变化，国家权力的力量也会发生变化，而广大的农村恰好处在国家权力的边缘，具有很强的边际性。

国家权力的边际性决定了法律作为国家权力的符号性象征也必然处于边际地位，加之我国农村社会长期缺乏法治的意识和传统，这种地位甚至更低。作为国家权力的实际享有者和执行者的国家机关及其人员既不住在农村，也不存在固定的象征性的东西，比如建筑、办公地点、常住人员等，实际上就使国家权力丧失了存在的依附体，也就更谈不上法律的地位。"在任何形式的传统国家中，政府对社会的行政控制都被限制在城市之内，同时国家象征体系和宗教与一般人民的民俗保持相当大的距离，这便导致监视力的软弱。"[1] 实际上，在农村社会中不仅国家权力处于缺位的状态，而且国家法律也处于缺位的状态。苏力先生就深刻地指出："中国国家权力在乡土社会，至少是在偏远的乡土社会，是相当松弱的。"[2]

---

[1] 王铭铭：《村落视野中的家族、国家与社会》，载王铭铭、王斯福主编《乡土社会的秩序、公正与权威》，北京：中国政法大学出版社，1997年版，第24页。

[2] 苏力：《送法下乡——中国基层司法制度研究》，北京：中国政法大学出版社，2000年版，第50页。

3.2.1.2 官僚体系的松弱性①

按照我国的行政区划和机构的设置，上有中央，到地方分为省（区、市）、县（市）、乡（镇）三级，呈金字塔形结构，越往上数量越少，越往下数量越多，而权力的分布则刚好相反，越往上权力越大，越往下权力越小。在县以下的广大农村社会中，存在最低一级国家机构——乡或镇，作为中国最基层的一级政权组织，代表国家和人民行使着国家权力，是国家权力的最终端，是整个官僚体系的末端，具有明显的松弱性。

依据前述离政治枢纽越远其力量越弱的原理，到最低一级政府时其行使的国家权力的能力和效力是非常有限的。城乡差别与国家对社会的监视力不强，导致了国家与社会的关系较为松散。从理论上讲基层政权组织具有十分重要的地位，因为这不仅管辖着中国广大的区域，而且也是国家政权的基础，但在实践中并非如此，相反可能很低。原因主要在于：

第一，从现在和未来发展上看，城市是主要的工业区和服务业区，工业和服务业为国民经济贡献了主要力量，而农村主要是农业区，对国民经济的贡献相对较小。②

第二，党的方针、政策、路线主要是在县级以上城市来实现和完成的，但也有的刚好相反，比如计划生育政策，而在农村社会中政治意识形态的控制和执行政策的活动空间相对要大得多。

---

① 官僚往往被理解为贬义，比如某人很官僚，这时这个词是形容词，确实具有贬义，但在本文的语境中，这个词是名词，不具有褒贬的性质，只是说明一种存在，或者说从政治学的角度来看，官僚实际上只是官员及其机构的另一称呼。

② 到 2008 年，我国 GDP 达到 300 670 亿元，其中第一产业 34 000 亿元，占 11.3%；第二产业 146 183 亿元，占 48.69%；第三产业 120 487 亿元，占 40.1%。参见《中华人民共和国 2008 年国民经济和社会发展统计公报》。

第三,受到上级政府和社会的各种监督的压力相对较小,越是靠近政治中心,各种监督机制也就越健全,动辄就会牵动上级政府或者舆论媒体以曝光形式公之于众,国家机构及其工作人员不得不谨慎行事。

第四,在农民心中政府机构及其工作人员就是权力的代名词,服从权力是其本分,因而不敢主张自己的权利,很少有敢于状告政府的"叛逆者",甚至很多农民受到来自国家机构及其工作人员的严重侵害,也只有"打掉牙齿往肚里咽"。①

第五,基层工作的季节性与随意性。在农村社会中,基层政权组织最经常性的工作主要是抓计划生育、收获季节收购公粮或者经济作物(比如烤烟等)、干几件出政绩能为干部晋升增光添彩的事,其工作往往并不一定是出于为人民服务的考虑,但结果也往往给群众带来了实惠(比如修公路、修水库等),至于"长远规划、发展战略"等不仅不切合农村社会的实际,而且也是徒有虚名,很难真正形成气候,尤其是在边远贫困地区。

因此,基层机关的运作方式也不可能照搬城市里大机关的模式,比如严格的作息制度、正规的办公模式和非常格式化的工作方式等。基层机关讲究效率和速度,其工作往往带有随意性和非正式性,往往需要贴近群众、贴近实际、贴近生活,因地制宜地开展工作,否则就会脱离群众、脱离实际,成为高高在上的衙

---

① 《南方周末》2000年年度人物李昌平在《我向总理说实话》一书中详细描述了当前农村、农民和农业存在的深刻问题,引起了社会的很大反响。"农村真穷、农民真苦、农业真危险"已成为"三农"问题的生动写照,尤其对西部地区来说就更加贴切。

门，无法与群众进行沟通，国家权力就会成为治民的工具。① 显然，国家权力也不是全然不变和都是以一种面貌出现的，它在城市中发挥着巨大的管理和推动作用，客观地推动着社会的发展，而在农村社会中则显得温情脉脉，失去了依附的载体，效力明显地弱化，同时为基层自治留出了足够的空间。

3.2.1.3 基层组织的行政性

在我国农村社会中，存在两级基层组织，一级是乡（镇）人民政府及其相关机构，一级是村级组织，前者是国家的一级政权组织，后者则是农民实现民主权利的自治组织。现在农村社会中的"'两委'（中共党支委和村民委员会）是国家权力在村落的代表，其存在与社会政治的调控有关"②。"正式的村政与权力的创立，使得政府在地方社会有直接的代理机构和人员，通过他们，政府把政策直接在乡土社会中予以贯彻。"③ 苏力先生进一

---

① 笔者曾经在2001年国庆长假期间到基层调查，发现该乡乡直机关全部人员都在上班。问其乡长："国庆长假你们为何不放假？"他回答："有事就无所谓假与不假了，无事的话随时都可以放个十天半月。"这样的回答似乎具有太多的"以事业为重"的感觉，但我们不得不承认这背后的实情：对于地方干部而言，在国庆放假七天与在农忙季节放假七天可能效果完全不一样，因为很多干部的家属都在农村，需要回家帮助劳动。作为作息和上班制度而言，更是具有特殊性，很多干部的家（或宿舍）与办公室根本不好作一个明显的分界。因为在基层很多时候并不是天天都有事情，而有了事情也并不一定能在办公室办，于是长期以来就形成一种无论何时只要有事就办，不存在上班、下班或者周末等作息之分别，除非人不在本地。因此，我们不能强求基层机构完全按照格式化的运作方式来工作，这不仅不适应基层的实际需要，而且也会在国家机构与农民群众之间形成鸿沟。

② 王铭铭：《村落视野中的家族、国家与社会》，载王铭铭、王斯福主编《乡土社会的秩序、公正与权威》，北京：中国政法大学出版社，1997年版，第33页。

③ 王铭铭：《村落视野中的家族、国家与社会》，载王铭铭、王斯福主编《乡土社会的秩序、公正与权威》，北京：中国政法大学出版社，1997年版，第62页。

步指出:"村干部往往是国家权力下乡时最有迹可寻因而是便利的地方性知识库。"①

因此,基层组织是国家权力在农村社会中的延伸和继续,国家的权威和地位主要依靠基层组织来实现,而基层组织的干部则是国家权力的代言人,塑造和构建着国家的形象。实际上村"两委"成了中国最低一级政权组织乡(镇)在村落中的代理人,执行着国家的政策和法律,党的基层组织由于工作内容较少,实际上成为一种象征性的领导机构,而政府则不仅事多而且繁杂,涉及社会生活的方方面面,并且很多事情最终要落实到人民群众身上。这客观地决定了村民委员会不可能完全实现真正意义上的自治,而更多地带有行政性的色彩。

由于基层组织的行政性,导致国家行政权力在农村社会中得到强化,甚至成为唯一的国家权力,而国家的司法权、立法权等在农村社会中既没有存在的载体,也没有贯彻执行的代言人,所以大大弱化了法律应有的地位和尊严,法律对于人们来讲既是陌生的,也是无用的,更不用说应付繁杂的司法程序所应付出的成本与人们之间相对简单的社会关系所具有的收益之间并不成正比。从需求与供给的角度看,农村社会对国家法的需求显然较低,而国家法对农村社会的供给所要付出的成本又太大,至少在目前我国还无力负担这些成本。一方面,国家法进入农村社会所付出的成本要远远大于其效益,这是国家法不得不退出或暂时退出农村社会的理性选择。另一方面,国家法又从未放弃过对农村社会的渗透与延伸,所以"送法下乡"等形式就成为国家法向农村社会渗透的最佳途径,既不浪费有限的法治资源,又不完全放弃对农村社会的控制。因此,国家法的萎缩与民间法的兴盛就

---

① 苏力:《送法下乡——中国基层司法制度研究》,北京:中国政法大学出版社,2000年版,第46页。

是必然的事情。

3.2.1.4 司法体系的末梢性

我国司法系统的设置主要是在县级以上行政区域,而在县级以下的广大农村社会中基本上没有司法机构。近年来,基层人民法院也在一些乡(镇)设立人民法庭,就近审理农村社会中的各种纠纷。在农村社会中与法律联系稍微紧密一点的机构还有两个:一个是公安派出所,一个是司法服务所。这两个都不是严格意义上的司法机构,但在农村社会中的影响力和知名度要远远大于司法机关,很多农民不知道国家还有人民法院和人民检察院,但都知道派出所和司法服务所,因为这两个基层单位与人民群众的日常生活联系比较紧密,并且几乎所有的乡(镇)都设有这两个机构。到1997年底,全国已经建立了乡镇(街道)法律服务所35 000个(其中至少32 000个是乡镇所),法律工作者近115 000人(其中有10万多人是乡镇法律工作者)。[①]

在很多偏远落后的农村地区,人们对法律的认识实际上就是对刑法的感性认识,而这种感性认识就是通过公安人员(警察)来认识和实现的。人们说不清"什么是犯罪"、"什么是违法",更讲不明"自己有什么权利",但只要警察抓人,他们就知道被抓的人"犯法"了,而且也知道"犯法的人"要"坐牢"。所以,在基层社会中,人们缺乏理性的、正式的法治启蒙和教育,老百姓是通过"警察抓人"来实现法治的启蒙与教育的,一旦"犯法"就会被警察抓,就会受到处罚或者"坐牢",在心理对法律产生畏惧感,从而遵守法律。

因此,我们不难看出在农村社会中,司法体系显现出了很大

---

① 参见苏力《送法下乡——中国基层司法制度研究》,北京:中国政法大学出版社,2000年版,第305页。

的末梢性,在广大的农村社会中不仅缺少司法体系的踪迹,而且也缺少司法人员的影子。换一个角度,我们不难理解"马锡武审判方式"之所以受到人们欢迎的原因。

3.2.2 从运行机制上看,国家法缺乏在农村社会实施的群众基础

法律既是一种静态的存在,也是一种动态的过程,而这种动态过程又包含两层含义,其一是法律自身存在一个产生、发展和完善的过程,其二是法律还存在一个从立法、执法、司法、法律监督的运行过程和公民护法、守法、用法的统一过程。在法律的运行机制中,最终的目的是为了发挥法律的效力,使人们自觉遵守和运用法律,自觉将其行为纳入法律的规范之中。法律的生命在于适用,不能适用的法律就没有生命,不能被很好地适用的法律其存在与否意义并不大。因此,法律存在的目的是为了实现法的追求和价值——正义、公平、自由和秩序,但是法律的存在和运行又并非完美的,而恰恰会存在和产生许多不尽如人意的地方,法的运行过程也并不总是畅通无阻的,执法也许会偏离甚至背离立法的本意,司法公正和司法独立引起了法学界和法律界的广泛关注,甚至政治家、经济学家和社会学家的关注,在一定程度上也充分说明了这一判断。

3.2.2.1 悖论之一:立法的精英性与农民生活的世俗性

我国的立法工作主要是通过国家权力机关来实现的,而立法机关又往往要委托一批专家和学者进行起草工作。尽管我国已经制定了《立法法》,对立法的权限、程序、法律解释等作了明确规定,也对一些法律法规的草案进行了公开征求意见(比如登报、在互联网上发布等),希望让更多的人参与立法工作,但是愿望与事实往往存在很大的距离。立法最终还是由少数的法学和法律精英来完成,反映和体现的是精英们的理性追求和价值向

导,充满着显著的精英性。"现代法律在很大程度上主要适用于城市社会、工商社会、陌生人社会;由于经济的、社会的和文化的原因,在各国,现代法律及其相关的制度很难进入农业社会、熟人社会或在这样的社会中有效运作。"①

不可否认全国人民代表大会及其常委会组成人员广泛的代表性较为客观地反映了广大公民对法律的需求及其评价,使法律的内容尽可能地反映公民的基本意愿,从而使人们更容易接受法律的规定,保障法律的有效实施。但在法律制度的实践中,我们也不难发现潜藏在背后的缺失和不足,立法机关的工作机制和参与立法的人员数量就有很大的局限性,更不用说立法人员的素质、价值倾向等深层次问题。

《中华人民共和国宪法》(下简称《宪法》)规定"全国人民代表大会会议每年举行一次"②,除非遇到特殊情况,全国人大每年只召开一次会议③,不仅会期较短而且会议的主要内容也不在立法上,立法程序往往只是过一下程序,大会不可能认真、全面地审议立法议案,而立法人员与人口的比例更是相距甚远。比如:从1954年至2000年,共47年,全国人大共举行了34次会议,会期总计511天,每次会议平均会期为15.03天;九届全国人大共有代表2 979名,按13亿人口计算,其比例约为1:43万,全国人大常委会委员与13亿人口的比例约为1:1000万。④

---

① 苏力:《送法下乡——中国基层司法制度研究》,北京:中国政法大学出版社,2000年版,第8页。
② 《宪法》第六十一条。
③ 《宪法》第六十一条规定:"如果全国人民代表大会常务委员会认为必要,或者五分之一以上的全国人民代表大会代表提议,可以临时召集会议。"但从1954年以来从未召开过临时会议。
④ 林彦:《基本法律修改权失范及原因探析》,《法学》,2002年第7期,第24页。

3.2.2.2 悖论之二：司法的技术性与农民法律知识的贫瘠性

法律的生命在于适用，不能得到正确适用的法律即使是制定得较好的良法，对社会也没有太大的益处和作用，而法律的适用在很大程度上是依靠司法活动来实现的。司法简单讲就是司法机关适用法律的专门活动，从狭义上讲仅指人民法院和人民检察院的法律适用活动，从广义上来讲，也包括公安机关的法律适用活动。司法机关运用法律解决纠纷和实际的法律问题，不仅必须严格执行法定的程序，而且还存在严格的权限划分，也就是说司法机关的活动是一种"格式化"（苏力语）的活动，一旦突破了既定格式的限制就构成违法，不仅会导致司法活动本身的无效，而且还会导致司法机关要受到一定的制裁。要完全遵循司法活动的既定格式，不仅要有思想心理上的要求，而且还要有知识技术上的要求。所以，司法活动既是一种法律实践活动，也是一种技术性的活动。

我国长期以来重实体而轻程序，在法制宣传教育中也存在重实体法宣传而轻视程序法宣传。对于广大的农民来说，了解有哪些法律存在都是一个非常艰巨的任务，更不用说对于具体的法律问题如何诉诸司法机关，比如管辖权、审理程序、司法文书格式等，对于在诉讼中拥有哪些权利，比如申请回避权、辩论权等就更是难上加难。① 所以，可以作出这样一个简单的判断——很多农民即使思想上有诉诸法律的愿望和意识，但也不知道应该怎么做，从何做起，到哪儿去做。司法运作中的技术性和专业性使农民成为门外汉，甚至很多非法学或法律专业出身的具备一定文化

---

① 我们并不难理解苏力教授所举的一个关于"辩护权"的例子，法官告诉当事人有辩护的权利，当事人不明白；法官进一步解释说"就是你可以吵架，但不能骂人"。参见苏办《送法下乡——中国基层司法制度研究》，北京：中国政法大学出版社，2000年版，第366页注释。

素养的人也很难懂，当然我们不能要求任何一个人都懂所有的学科，这客观上和本质上都是不可能的，但司法运作是面向社会的一门带有实用性的学科，如果太远离人群，就显得不尽合理、不尽科学。程序正义与实质正义谁更重要曾经成为人们争论的焦点①，但是如果程序正义得不到保障和实现，实质正义就更不可能实现，程序正义是实现实质正义的通道和桥梁。

当然，司法可否通俗化来迎合法律问题的世俗化或者民众的非专业化不是本文想要讨论的问题，但至少可以说明司法知识与农民之间的距离，或者说司法本身就是一种文明进步的标志，带有明显的城市色彩和精英化的理性建构的特点，而对于农村社会而言则是不入乡随俗的，两者之间的衔接和契合还存在一定距离，还需要加大法制宣传力度，更需要农民群众拿起法律武器进行法律实践的勇气和司法机关灵活地带有地方特色的运用法律的大胆实践。

3.2.2.3 悖论之三：法律监督的理性要求与农民实际能力的非对称性

法律监督从狭义上讲仅指人民检察院的专门性监督。依据《宪法》的规定，人民检察院是国家的法律监督机关，独立行使国家的检察权。从广义上讲，还包括群众的社会监督、各党派团体的参政式监督、各级人民代表大会的权力监督、新闻媒体的舆论监督等形式。本文所说的法律监督应当是广义上的法律监督。

一方面，人民检察院作为国家的法律监督机关，不仅担负着监督职能，而且还担负着起诉、批捕、部分案件的侦察等职责，并且人民检察院更多的是承担着公诉案件的批捕、起诉和反贪污等案件的侦察，就法律监督而言主要停留在刑事诉讼上，并且是

---

① 美国著名哲学家、伦理学家罗尔斯在《正义论》一书中对正义问题展开了论述，并提出了"作为公平的正义"的理论。

以一种参与式的方式来实现和履行监督职能,在一定程度上使监督职能与自身的其他职责趋同化,监督职能往往被其他职能所吸收,很难真正发挥监督的应有效果,此时法律监督处于一种空泛的状态。而对民事案件、行政案件等的监督就更加薄弱,人民检察院根本不可能有时间和精力主动介入,实践中也很少介入,对这两类案件的监督往往依靠当事人的申诉,即当事人不申诉,人民检察院就不介入,人民法院就成为实际上的缺乏监督的独立审判机关,法律监督在此时完全处于缺位的状态。

另一方面,对于广大群众,尤其是农民群众,连起码的法律知识和法律技能都不具备,就更谈不上开展法律监督,对法律事件或法律事实与法律理性之间是否吻合缺乏判断的依据和条件,即使作出了某种基本的判断也是依据基本的伦理和常识来作出的。而司法机关和执法机关除非是完全枉法裁判,否则很难作出违背基本伦理和常识的非法行为。所以,人民群众对法律适用的监督在客观上是不切实际的。"人民的眼睛是雪亮的"的价值判断,在面对经过专业训练、熟悉司法技术的专业队伍面前很难保持其锐利性。而其他几种监督则与司法、执法部门有着多种共同的联系,很难真正形成合力,更难于真正达到监督的目的。如果说司法权和执法权属于一种实在的权力的话,那么其他几种权力都只不过是一种虚的权力,用虚的权力监督实在的权力实际上不可能产生真正的效果。就犹如群众监督领导一样,实际上是用一种相对力量较弱的权力去监督一种力量非常强大的权力,古往今来以弱胜强的战例倒是不少,但用小的权力去监督大的权力本身就是一个悖论,权力的天平明显失衡,呈现出非均衡性和非对称性。

3.2.2.4 悖论之四:法律的精神理性与农民生活的低层次性

上述分析中隐含了这样一个命题,即法律规范对农民而言是陌生的。农民对法律缺乏足够的了解，既缺乏对实体规范的了解，也缺乏对程序规范的了解。同时也缺乏对主动寻求实现实体权利的途径的了解。在部分农民群众的观念中，法治不仅是遥远的，而且是陌生的，他们不知道法治为何物，也不知道自己有哪些权利；在其潜意识中，应该和不应该做什么的观念是牢固的，即义务是第一位的。他们认为，服从国家和政府的管理，按来自于政府及其公职人员的意志办事是必须的、应该的，是农民的本分，而依法享受权利则是模糊的，绝大多数农民根本没有权利意识和观念，更不敢把权利和义务联系起来。

近年来，尽管我国法制宣传的力度在逐步加大，国家法也以一种强大的姿态不断向农村社会渗透，但毕竟是有限的，当"送法下乡"成为一种流行的话语和法制运行的一种外在模式时，我们不难思考其内潜的原因，农村社会需要法律的深入，而且农民对法律缺乏足够的了解。法律在中国社会中的认知程度还远达不到人们（尤其是精英分子）的理性要求。中国真正推行法制是在十一届三中全会以来的二十多年，而这二十多年是中国发展最快、社会最为安定的时期，同时也是发展最不平衡的时期，人民的心理和意识的差异较大。在沿海地区向现代化阔步迈进的今天，落后地区农村的人们还在为温饱和小康而不懈努力。而法制建设属于政治文明的范畴，没有坚实的经济基础，法治文明不可能繁荣，这客观地决定了农民在实际生活中对法律关注的不足，"特别是基层社会中，当事人更为关心的，甚至仅仅关心的是案件结果，而不是法律"[①]，更谈不上对法律的兴趣和爱好，而法律在实际中显示出来的效力又没有政策带来的明显。

所以，法律在农民生活中可以说还是一种奢侈品，农民既无

---

① 苏力：《送法下乡——中国基层司法制度研究》，北京：中国政法大学出版社，2000年版，第278页。

法享受也无能力消费，法律还不能完全走进农民的内心和生活。

3.2.3 从理论研究上看，国家法缺乏在农村社会实施的针对性

尽管我国法治事业在政治话语和舆论宣传中表现出轰轰烈烈的阵势，大有法治社会已经到来的趋势，"法治"一词成为非常时髦的流行语，但法学理论研究并没有形成太多的中国特色，与法律实践的呼应并不完全一致，尤其对中国农村地区的法律实践、法治建设和农村社会内部的秩序与规则、农民群体的法律态度与法律价值导向等问题关注较少，针对中国社会实际的法学经典之作太少，中国法学不仅缺乏厚重之感，而且也缺乏自身的针对性。法学"幼稚"之名的由来并不是单纯的空穴来风。

因此，苏力先生提出"法学研究要本土化"，即法学不仅要有自己的特色，而且也要有解决中国自身的问题的能力，否则法学就会成为空泛的学科，成为纯粹的理论构建型学科，而不能成为指导社会实践和解决实际问题的经国济世的大学问。对此，苏力先生有着非常精彩的论述：

> 当代中国法学的发展现状，在我看来，是非常不能令人满意的。大而空的研究，从条文到条文的法条主义的研究，处处可见。好一点儿的也只是倚重国外或我国台湾地区一些学者的著述或者是国外或我国台湾地区的一些做法。结果是，尽管在法律条文的解说上有所丰富，回答了国外或我国台湾地区是如何做的，因此也难以形成实践性共识的抽象价值，或试图发现一种在研究者看来具有先验性的永恒真理，将在一定时空中行之有效的做法或正当化方式当做永恒有效的普遍真理；一旦中国的社会法律实践与这种法学理论不相符合，学者往往就会用应然的论点替代实然的分析。因此，尽管面对

的是中国当代社会的急剧变化、中国当代法制的迅速发展,法学界至今没有而且似乎目前也不可能给予有力的回应。我们的法学基本上是在炒西方学者的冷饭,没有自己的见识和洞察力,没有自己的发现,乃至在国内的其他学科中,也被讥笑为"幼稚的法学"。这种状况是中国法学家的一种耻辱,我们这些学术法律人有义务改变这种状况。①

苏力先生的尖锐批评与自责在一定程度上反映了新一代法学家和法律家的责任感和心声。中国法学研究找不到自身的突破口,就很难形成自身的特色,也不可能成为经久不衰的人类文明的宝贵遗产,更不可能成为影响时代的伟大思想。中国法学的生命力在于坚持中国特色,走与中国实际相适应的法学研究道路,探索符合中国实际的法学理论和法律实践,保持一种务实的态度和做法,以务实的精神探索中国的法律理论与实践。

中国法学在面临移植与构建的同时,也面临着自身的关怀与视角的调整。法律的世俗性决定了法律要回应社会、关注社会,而不是社会关注法律,是秩序产生法律,而不是法律产生秩序。法学作为专门研习法律的科学也必然要回应社会的需要,关注社会实际,否则就会成为纯粹的形而上学的法学。

当然我们也不主张一提到强调法学要关注本国的实际和传统就被套上法治保守主义的标签加以批判②,法律具有一定的地域

---

① 苏力:《送法下乡——中国基层司法制度研究》,北京:中国政法大学出版社,2000年版,第14—15页。

② 我国著名法学家谢晖曾尖锐地批判"以本土资源为主建设中国法治的理论主张"为法治保守主义,并将其分为三类:一是文化性质决定论者,代表人物有梁漱溟、武树臣等;二是同情理解论者,代表人物有梁治平、郝铁川等;三是科学法文化论者,代表人物为苏力。参见谢晖《法治保守主义思潮评析》,《法学研究》,1997年第6期,第51页。

属性和文化特色应当是不争的事实。

3.2.4 从文化积淀上看，国家法没有良好的法治心理作为基础

3.2.4.1 法治心理的排斥性

在我国长期的文化演进中，法治曾经有过短暂的辉煌，春秋时期的百家争鸣中出现了法家，法治也曾经被作为治国之术加以倡导，但是由于推行严刑峻法，不仅导致了统治政权的早夭，而且也使法治的局限性得到充分暴露，人们对法治丧失了应有的信心，使得法学和法治在中国社会中处于受到压制的状态，尽管在唐朝时有短暂的兴盛和繁荣，但最终没有使中国社会走上法治之路，也没有形成尊重法治的传统。

秦始皇是法家严刑峻法的信奉者，他对韩非推崇备至，并在自己的政治实践中极力推行法家的法制观点，使立法权和司法权高度集中和统一，以强化封建专制主义。① 史称秦始皇"刚毅戾深，事皆决于法"、"普施明法，经纬天下"。② 司马迁在《史记》中对此也有高度的评价："明法度，定法令，皆以始皇起。"③ 而在我国古代重刑轻民，过分地张扬了法制的惩罚性，结果导致暴政。到西汉董仲舒"罢黜百家，独尊儒术"，积极推行"春秋决狱"④，强调用"春秋大义"作为经义断狱的依据，使法律儒家化，奠定了儒家伦理思想作为中国正统统治思想的地

---

① 杨景凡主编：《中国法律思想史简编》（上册），南宁：广西师范大学出版社，1988年版，第145页。
② 《史记·秦始皇本纪》。
③ 《史记·李斯列传》。
④ 所谓"春秋决狱"就是指以《春秋》的精神和其中所载的事例、判例作为分析案情、定罪量刑的依据。它是以儒家思想指导司法审判、把儒家经典化的一种表现形式。董仲舒是其主要倡导者、推行者和实践者。

位。在其"本其事而原其志"的断狱原则指导下,过分强调行为人的动机倾向而成为"唯动机论",使"春秋决狱"带有较大的随意性,为统治者出入罪大开方便之门,为"人治"的昌盛提供了理论和思想支持,而"法治"相对萎缩。长此以来,在我国人民的心里对法治的信赖和理解逐步降低,法治的思想很难深入人心。

在长期的文化熏陶之中,伦理思想对人们的习染和禁锢是根深蒂固的,人与人之间的关系和整个社会秩序的运行基本上是以"礼"为主,因此学术界一直以来都认为我国社会是一个"礼俗社会",而对法治的信仰严重不足,法治精神很难深入人心,法律至上的观念很难形成气候,更无法形成奉行法治的传统。尽管改革开放以来,我国社会经济关系日趋复杂化,民族国家的权力逐步渗透和张扬,人们的权利意识和主体意识有所觉醒,但对于生产关系还相对比较简单、人际关系还不够复杂、生活相对处于自给自足状态的农民而言,现代法治的启蒙与教育还没有完全完成,法治还不能给予其生活发生足够的影响与变革,在其内心深处的触动以及对其行为的约束还很单薄,他们不仅看不到法治带来的实惠和价值,诸如理性、秩序、自由与权利,而且也缺乏对法治的感性认识和理解。这是由农村社会的物质生活条件和实际的生产、生活条件所决定的。

3.2.4.2 法律意识的淡漠性

法律意识的高低是衡量一个国家、一个阶级或者一个群体的法治水平的基本尺度,也是形成法治的基本条件和前提。法律意识就是指人们对法律的基本态度、看法、认识以及因此而形成的思想和文化体系等。由于传统文化的影响以及农村社会生产、生活的实际状况,客观地决定了农民之间社会关系的单一性和封闭性,农民依靠人情、面子、伦理和习俗等规范来调整他们之间的关系,而对国家法律知之甚少,法律还没有成为农民解决纠纷的首要选择，也没有成为农民维护和主张权利的有效手段，农民的法律意识还没有真正形成。"中国农民的法律意识，目前正处在一个由初步了解向进一步深入了解和理解发展的阶段，完成这个转变将需要一个较长的过程，其间不免艰难困苦。"①

尽管国家经过三个"五年"普法计划，现正在开展第四个"五年"普法计划，取得了很好的效果，但是农民对国家法的了解程度仍然还很低，更谈不上对国家法的理解与认同。在几次普法中重点对象是领导干部和青少年，而对农民群体的普法宣传和教育还不足，尤其是对程序性法律的宣传力度就更小，农民群众即使有诉诸法律的愿望，也因为不知道怎样做而止步不前，加之诉讼本身需要的成本和所具有的风险，就使农民对法律的态度大打折扣。法律在农民心中还未获得应有的地位，未能在农民的生活中获得现实的生命力。同时，农民了解法律的途径还很少，除了广播、电视、报纸等传统媒介，网络等现代传播手段还很难深入农村。在广大的西部农村，一些地方的农民连电视都还看不上，而看报纸、听广播在一定程度上对农民来说也是不现实的，农民中不仅还存在大量的文盲与半文盲，而且似乎农民也没有读报等习惯，现代的网络传播技术尽管已经成为本世纪最强劲的信息手段，成为对人类发展产生变革性影响的技术，但离我国农村社会还有很大的距离，这不仅存在经济投入等成本，而且也存在农民知识不足的成本，甚至解决后者的成本要大于前者。因此，开展形式多样的普法宣传是当前提高农民法律素质的最佳选择和最有效的手段。

---

① 郑永流、马协华、高其才等：《农民法律意识的现实变迁》，载李楯编《法律社会学》，北京：中国政法大学出版社，1998年版，第482页。

3.2.4.3 法治观念的依附性

在国家权力中,行政权在人们的心目中的地位比较巩固,而对立法权、司法权等国家权力的认识明显不足,在农民的心中官员不仅代表着国家权力,而且也是国家法律的化身,对官员的服从,就是对国家法律的服从,政府在人们的心目中是至高无上的,而法律则是无足轻重的。因此,在人们的法治观念中,其法律权利往往是由行政权力所派生的,官本位的意识根深蒂固,崇官尚官、追求仕途成为历代有识之士的必然选择和最佳理想。个体权利在特定情况下,通过与公共权力的结合,来实现进入社会公共领域,以期达到权利效益追求的最大化。

但是,我们也必须用发展的眼光来看待和分析问题,过去由于无产阶级革命家领导人民翻身闹革命,人民获得了自由,并且得到了实惠,那时领导干部在人民心中是崇高的、具有威信的,政府在人们的心中具有神圣性和不可侵犯性,与官员对抗就是与人民为敌、就是与政府作对,要受到法律的制裁,而人们很少意识到无论是政府还是官员都是在法律的规制下活动,其行为必须具有合法性,否则仍然要受到法律的制裁。随着社会经济的发展,各种官员违法乱纪的事例大量见诸媒体,使官员的形象严重受损,甚至在一些农村地区,干部成了"三乱"现象的代言人,政府和领导干部在农民心中的威信和影响力受到不同程度的损害,人们开始反思国家权力的来源及其行为的合法性,同时也开始思考自身的权利与地位。

3.2.4.4 主体意识的缺位性

在中国传统社会与权利的关系问题上,通常存在几种观点:一是从阶级分析入手,把阶级社会中的人分为统治阶级和被统治阶级,认为统治阶级只享有权利而不承担义务,被统治阶级只承担义务而不享有权利,权利和义务是分裂的。二是从文化的分析入手,认为中国传统社会是一个专制集权社会,人们只有义务而没有权利。三是坚持折中说,认为"传统中国社会既不是毫无权利可言的社会,也不是权利意识较为发达的社会"①。显然各种观点都有其理论基础和支持依据,但作为拥有数千年文化积淀的大国,历史的厚重与丰富无疑为各种观点的存在提供了文化的背景,因此,我们在分析人们的权利意识和主体意识的时候,也应当从历史和文化的层面来展开。从公民个体地位出发,所表现出来的是主体意识,而在社会层面所表现出来的是权利意识,换句话讲,权利意识和主体意识是同一事物的两个方面,从公民内在需求来讲表现的是主体意识,从公民外在需求来讲则是权利意识。

纵观儒家文化,尽管儒家强调人的作用,但儒家奉行"天人合一"和"人与人之间严格的等级秩序"的理论,在一定程度上模糊和淡化了作为主体的人与作为客体的自然之间的界限,弱化了公民个体的地位,使得人民对帝王、下级对上级、子女对父母、晚辈对长辈、妻子对丈夫等都不同程度地产生了人身依附关系,个体的主体意识模糊不清,在整个社会关系中只存在泛化了的"人",而不存在独立的、个体的"人"。"在一个缺乏主体意识的文化中,个体意识也不会发达,而个体意识是权利意识的基础。"②

3.2.4.5 人治心理的禁锢性

在中国传统文化中,在对待人治与法治的问题上,存在几种认识:一种坚持人治;一种坚持法治;另一种坚持人治与法治相

---

① 高鸿钧:《中国公民权利意识的演进》,载夏勇主编《走向权利的时代——中国公民权利发展研究》,北京:中国政法大学出版社,1999年版,第50—51页。

② 高鸿钧:《中国公民权利意识的演进》,载夏勇主编《走向权利的时代——中国公民权利发展研究》,北京:中国政法大学出版社,1999年版,第55页。

结合。客观地讲，纯粹的法治和人治是不存在的，历史上儒家与法家争论的焦点不是只要法治而抛弃人治或者只要人治而抛弃法治，主要还在于以谁为主的问题。因此，历史上的"德法之争"，实际上还是坚持二元论的，关键是"以谁为主"的问题；江泽民同志提出"要把德治与法治结合起来"，强调二者同等重要，在一定程度上回答了"法治"、"德治"与"人治"的关系问题，也避免了无休止的争论，实质上也揭示了三者的正确关系。

但是在人们的内心和观念中，传统的人治观念更加深入和持久，人们在更多地服从公共权力的管理的基础上，更多地习惯于"义务本位"的思考，而缺乏主体意识和权利意识，加之人们看到法律在人的执行下产生的各种扭曲，比如近几年呼声比较高的司法腐败、司法不公等社会现象，也强化了人治在农民心里的地位，使得农民对权力产生既怕又爱的双重心理。一方面在心理上既反感权力，又屈从甚至崇拜权力，另一方面，当自己遇到事的时候，又特别希望借助权力达到目的。① 人们对待权力的这种二重心理，在一定程度上为权力的滥用和腐败的产生奠定了良好的社会思想基础和心理基础，而权力的滥用又强化了人治的色彩。农民作为处于温饱状态的群体，连解决基本的生存权问题都还有很大的局限性，生活的质量和品质更是一个更高标准的问题，因而对法律理性的追求与向往、对自身权利和地位的张扬就成为更加不现实的要求。

综上所述，本章主要在国家——社会——市民的框架中，从制度设计和文化的层面对国家法的局限性展开分析和论证，旨在

---

① 高鸿钧：《中国公民权利意识的演进》，载夏勇主编《走向权利的时代——中国公民权利发展研究》，北京：中国政法大学出版社，1999年版，第101页。

说明国家法向农村社会下渗过程中必然面临的困境,深刻理解国家法的"实然状态",而不是一味地强调它的"应然状态",所以对国家法自身的局限性则没有展开论述。美国著名法哲学家E. 博登海默指出,法律至少具有滞后性、僵化性和滥用性三个缺陷。① 我国学者也指出:"法律的局限与困难是客观的,这是法律固有的性质的一部分,我们无法回避,也不必辩解。"指出法律具有四个层次的局限:即法律的价值冲突、法律的规范缺陷、法律运行的困难和法律的角色限制。②

显然,国家法自身的局限性是客观存在的,而在制度设计和文化的框架中,从社会控制的角度出发,国家法的缺陷更加明显,而这种缺陷对于市民社会的生成和实现自治是有益的,尽管我国现在还无法真正形成市民社会,但也给多种规范形态的存在留下了制度空间和生存的余地,也正是国家法的这种局限性,才使民间法的存在和发展成为可能和必要。因此,"近代意义上的法律制度在下乡的过程中由于稚嫩而终究难免被乡土社会习俗上的知识传统重新解读(阐释),并在被解读(阐释)的过程中不得不去回应后者而使其本身逐渐向乡间的社会记忆同质化"③。

---

① [美] E. 博登海默著,邓正来译:《法理学、法律哲学与法律方法》,北京:中国政法大学出版社,1999年版,第403、404页。
② 陈卯轩:《法律局限略论》,《西南民族学院学报》(哲社版),2002年第2期,第160页。
③ 尤陈俊:《法治的困惑:从两个社会文本开始的解读》,《法学》,2002年第5期,第8页。

第4章 农村社会中民间法的演进

> 在社会发展某个很早的阶段,产生了这样一种需要:把每天重复着的生产、分配和交换产品的行为用一个共同规则概括起来,设法使个人服从生产和交换的一般条件。这个规则首先表现为习惯,后来便成了法律。随着法律的产生,就必然产生出以维持法律为职责的机关——公众权力,即国家。
>
> ——[德] 恩格斯

4.1 什么是民间法

4.1.1 民间法的提出

民间法作为一个法学术语近年来大量被人们使用,已经引起了我国法学界的重视。但在国外,民间法的提法相对更早,日本学者千叶正士在其《法律多元》一书中多次提到"民间法",并且在国际上也出现了相应的组织和研究机构,比如国际人类学和人种学会"民间法和法律多元主义委员会"(Commission on Folk Law and Legal Pluralism)。从法律文化学、法律社会学、法律人类学的立场出发,对是否存在民间法的争论显然已经没有太多的意义，法学界对民间法的重视和学者研究民间法的兴趣完全可以说明这一点。

苏力先生在《法治及其本土资源》一书中多次提到民间法①，但更多的是作为一个概念使用，而并没有对概念作出明确的界定和解释，正如苏先生提出了"本土资源"或者"本土化"的概念，而未对其作出解释，为此还被贴上了"保守主义"、"后现代主义"、"法治本土化"等标签。于是苏先生也谈到，本土资源这个概念本身并不重要，重要的是要研究中国的问题，回答中国的问题，提出解决问题的办法。谁要是争本土资源的精确含义，那就太没意思了（也是对其本人的最大误解）。②

梁治平先生在《清代习惯法：社会与国家》一书中也提出了民间法的概念，并对民间法的形态作了精彩论述："它们可以是家庭的，也可以是民族的；可能形诸文字，也可能口耳相传；他们或是人为创造，或是自然生成，相沿成习；或者有明确的规则，或者更多表现为富有弹性的规范；其实施可能由特定的一些人负责，也可能依靠公众舆论和某种微妙的心理机制。"③ 但仍然没有对民间法作出一个科学合理的解释。

这充分说明民间法在最初是作为一个分析性概念提出来的，主要是为了与国家法相区别，提供一种新的分析视角和立场，正如田成有先生所言：民间法这一提法是从社会学或人类学的角度分析的，它只能限定在学者分析问题时作一个分析性概念使用，而不能把它当成是一个与国家法相对应的分类概念使用，或者

---

① 苏力：《法治及其本土资源》，北京：中国政法大学出版社，1996年版，第41—73页。
② 苏力：《送法下乡——中国基层司法制度研究》，北京：中国政法大学出版社，2000年版，序言1—10页。
③ 梁治平：《清代习惯法：社会与国家》，北京：中国政法大学出版社，1996年版，第35页。

说，它只能限定在有价值上、学理上的意义，而没有功能上和文字上的意义。①

因此，这一概念的提出仍然具有十分重要的学术理论意义。一是它表明了法学研究从以国家法为中心的纯粹理性建构型研究转向与充满人文关怀的实证性研究相结合的道路；二是它打破了传统的法学理论关于法的定义、性质和分类等一般性理论的经典描述，拓宽了法学研究的视野；三是从文化的立场出发，把法看做人类文化的一部分，与人类社会的发展相始终，使法摆脱了"只能是阶级专政的工具"的命运，激活了法的生命力；四是从"实然"而不是"应然"的角度探讨法的本来面目和自身存在、发展的规律，使其更具客观性和科学性；五是国家法作为一种建构型秩序形态，担负着维护统治秩序和统治利益的首要责任，对人自身的需要关怀不足，民间法作为一种自生型秩序形态，更多地考虑了人的需要。

4.1.2 民间法的定义

什么是民间法，民间法的提法是否妥当以及是否存在民间法等一系列问题学术界都还存在争论，要对民间法作出一个科学合理的界定也并非易事，但为了文章分析的逻辑需要，我还是力图在分析和综合学术界的现有观点之后给其作一个明确的界定。

第一种观点认为，民间法是在社会中衍生的、为社会所接受的规则。②

第二种观点认为，民间法是一种习惯法，是国家法之外的，产生并流行于各种社会组织和社会亚团体，表现为各种"法

---

① 田成有：《乡土社会中的国家法与民间法》，《思想战线》，2001年第5期，第82页。
② 苏力：《法治及其本土资源》，北京：中国政法大学出版社，1996年版，第44—45页。

谚"、"法语"的行为规范。①

第三种观点认为，民间法就是指独立于国家法之外，由人们在长期的生产、生活过程中逐渐形成，在特定地域、特定社会关系网络中被用来界定"权利"、"义务"或"责任"，调整和解决他们之间的利益冲突和纠纷的一种行为规范。②

第四种观点认为，民间法是相对于国家法而言的，指社会中存在着的非国家制定或认可的行为规范。③

第五种观点认为，民间法是指既非有权制定法律的机关制定，又非有权制定法律的机关认可，但为一定范围的人们所普遍遵从的行为规则。④

第六种观点认为，民间法是指一定的领域（包括地域和行业）内部长期习惯沉淀所形成的、调整该领域内各种权利义务关系的、具有身份依附性的行为规则体系。⑤

第七种观点认为，民间法是对事实上的权利义务的确认，是事实的法秩序的一部分，称为"民间社会规范"更贴切。⑥

第八种观点认为，民间法是独立于国家法之外的，是人们在

---

① 梁治平：《清代习惯法：社会与国家》，北京：中国政法大学出版社，1996年版，第35—36页。尽管梁先生并没有直接表述这一概念，但其论述是十分精辟和到位的，本文作了抽象性概括。

② 陈敬刚：《国家法与民间法二元建构及其互动之思考》，《河北法学》，2000年第4期，第15页。

③ 张晓辉、王启梁：《民间法的变迁与作用——云南25个少数民族村寨的民间法分析》，《现代法学》，2001年第5期，第30页。

④ 谭岳奇：《民间法：法律的一种民间记忆》，《华东政法学院学报》，2001年第5期，第52页。

⑤ 黄金兰等：《初论民间法及其与国家法的关系》，参见谢晖、陈金钊主编《民间法》第1卷，济南：山东人民出版社，2002年版，第66页。

⑥ 范愉：《试论民间社会规范与国家法的统一适用》，参见谢晖、陈金钊主编《民间法》第1卷，济南：山东人民出版社，2002年版，第79页。

社会中根据事实和经验，依据某种社会权威和组织确立的具有一定社会强制性的人们共信共行的行为规范。①

第九种观点认为，民间法就是"非官方法"，它是指一种其组成部分非由任何合法机关官方认可的法律体系。② 并进一步强调在实际上他们会由于某个圈子的人们的一般共识而被适用，无论这些人是在一国领土之内还是在领土之外，这时他们对官方法的有效性具有明确的影响，或部分或全部地补充、反对、修正，甚至破坏了官方法。

可见，学术界对民间法的认识还不统一，民间法也还没有形成一个科学合理的定义，在理论研究中更多的是作为一个分析性概念和工具来使用，而且民间法这个术语确实有用。③ 它不仅为法学研究提供了新的视角和进路，而且也为国家与人民、法律与社会的研究框架提供了分析工具和奠定了理论依据。

分析上述诸种观点，各有千秋，但至少有以下几个共同点（换句话讲，就是学术界已经取得的共识）：（1）民间法是独立于国家法之外的规则体系。（2）民间法是一种带有非国家强制力的规则体系。（3）民间法自生于民间，是人们在生产生活的实践中自发产生的规则，不是由国家制定也不是由国家认可的规则体系。（4）民间法只在特定空间范围内有效，不具有超时空的普适性。（5）民间法对国家法既具有积极作用也具有消极作用，二者之间既互动也互相排斥。（6）民间法作为一种传统文化的符号性资源，不会很快消失，也不会与国家法一起同步发展。（7）民间法调整

---

① 田成有：《法律社会学的学理与运用》，北京：中国检察出版社，2002年版，第99页。

② ［日］千叶正士著、强世功等译：《法律多元——从日本法律文化迈向一般理论》，北京：中国政法大学出版社，1997年版，第117页、163页。

③ ［日］千叶正士著、强世功等译：《法律多元——从日本法律文化迈向一般理论》，北京：中国政法大学出版社，1997年版，第117页。

和维护着特定区域的稳定与秩序，规范和梳理着特定人群之间的权利和义务关系。(8) 善待民间法不仅是法学研究本土化和法治现代化的应有态度，而且也是由中国国情和人民群众的实际物质生活条件所决定的。(9) 民间法的研究与展开为保护民族法律文化，尤其是少数民族法律文化提供了条件和保障。(10) 民间法为法律多元及其人类社会的发展变迁、国家与人民、社会与法律等的关系提供了分析框架和思维模式。

因此，本文所称的民间法是指在人们的生产生活实践中自发产生的用于调整其相互的权利义务关系的带有一定强制性的非国家制定和认可的行为规范。

4.1.3 民间法的特征

在认真分析了民间法的定义之后，我们基本上对民间法有一个概貌性的了解，进一步分析，我们不难发现民间法具有以下一些特征：

第一，民间法具有地域性。民间法作为与国家法相对应的一个概念，具有明显的地域特征，如果说国家法在一国之内具有普遍的效力和权威的话，那么民间法就是只在特定的区域内对一定的人群和组织具有效力，作用的范围非常有限，不同的地区，具有不同的民间法，民间法的差异性比较突出，而国家法在一国之内基本上是统一的。当然，我国也存在"三法四域"的情况，而联邦制国家也存在加盟共和国与联邦国家之间的不同法律制度，但在国家法体系层面来看，仍然是统一的，而民间法在一国之内的不同地区、不同人群之中都会有不同的内容和表现形式，体现出非常强的地域特征。

第二，民间法具有自生性。民间法是人们在日常的生产生活中经过日常积累，为了调整其相互之间的权利义务关系，为维护一定的社会公共秩序和稳定，以期达到社会控制和实现利益分配而自发形成的规则体系,是在人们自觉自愿的基础上自然形成的,没有外部力量的干预和敦促。它产生于人们的社会实践和生活秩序的客观需要,是人们适应自然环境、改造自然环境、维持社会稳定和实现自身利益的一种文化模式,其产生、发展和消亡完全取决于生产生活的需要,只受人们自身需要的限制,而不受国家强制力和外部力量的支配。

第三,民间法具有生活性。民间法所规定的都是以人们的生产生活直接相关的内容,比如婚姻、家庭、丧葬、继承、伦理、道德和土地等,以通俗易懂的语言和形式,为人们设定一定的行为模式,即可以做什么、应该做什么、不可以做什么、不应当做什么以及做了不应当做的事应当受到的处罚和制裁。民间法的内容一般包括日常生产生活的基本规范和要求,非常生活化和朴实化,没有国家法的严密逻辑和结构,也不体现法治的理性精神和要求,甚至还可能超越和背离国家法。比如罗平县钟山乡《依法治乡民主管理办法》第十条规定:"男年未满二十二周岁,女年未满二十周岁结婚的视为非法同居(本身就是非法同居关系——括号内为笔者所加)。违者依法解除同居关系,并限期交纳罚款50元,逾期一天收滞纳金5元。"第十二条规定:"结婚后男女双方均互为家庭成员,互相称名道姓。"(婚姻法没有规定夫妻之间互相称名道姓,只规定了夫妻各自享有姓名权——婚姻法第十四条——括号内为笔者所加)第二十八条规定:"子女对父母不尽赡养责任的不享受分家析产,并按当地人均中等生活费标准赔偿父母1—16周岁的抚养费。"(国家法中没有对父母抚养费的赔偿规定——括号内为笔者所加)[①]

[①] 这一规定共有八章九十一条,内容涉及道德评议、婚姻家庭、计划生育、村风民俗、社会治安、土地森林等资源管理、财务税收、文教卫生等内容,从地方管理的角度讲,无疑是非常全面和难得的,而很多规定也非常具体,极大地丰富和发展了国家法的内容。

第四，民间法具有内控性。民间法的实施和运行没有外在强制力的约束和保障，主要是依靠人们对该规则的普遍认同和自觉自愿地遵守，而主体之间又主要依靠情感认同、良心对照和价值利益取向的一致性来维持，人们通过对相互约定或习惯上认可的民间法的遵守来实现各自的利益追求和秩序需要，从而维护了一定区域内的公共需要和秩序，以达到人们生活环境的稳定和利益分配的相对均衡性，避免了人们日常生产生活的无序性和相互之间的利益纷争，有效地调节了社会秩序和人们之间的权利义务关系。

第五，民间法具有多样性。一方面，民间法在表现形式上表现出多样性的特征，不仅可以是成文的，而且也可以是口头的，既可以是相互约定形成一定固定形式的规则体系，也可以是刻碑记事或刻木记事式的表现形式，在一定情势下还可以表现为某种禁忌或仪式，也可以表现为某种习惯或宗教式的信仰；另一方面，民间法在内容上也是五花八门，不同地区、不同民族，甚至不同村寨都有不同的民间法。

第六，民间法具有稳定性。民间法的稳定性尽管不像国家法那样具有保障，但是有时民间法的稳定甚至还要超过国家法，因为民间法以传统文化的形式已经内化为人们的自觉意识，而国家法要成为人们内心的自觉意识还有一段相当长的路要走。有时民间法又表现出很大的随意性，缺乏外力的约束和制约，也缺乏稳定性的保障，但是一旦民间法打上历史的印记，成为人们日常生活的基本信念和准则以后，其稳定性和生命力又是十分顽强的。

4.2 民间法的内容

民间法的内容十分丰富，涉及人们生产生活的方方面面，对其加以梳理和归类十分必要，对进一步研究民间法，使其系统化具有重要的意义,也是一项极富探索性的工作。

根据不同的分类标准,对民间法的内容可以作出不同的划分,我认为对民间法的内容不宜作太细的划分,而应该从大的方面入手,将其划分为几个大的类别,因为太细就会出现挂一漏万的情形,而民间法本身又是非常庞杂和多样的,在不同地区和不同人群中对同一问题的认识和规定都会有很大差异,这本身是由各地区和各民族的非均衡性发展的客观实际所决定的,不仅有经济的因素,而且也有文化、社会、习俗等多方面的原因。基于这样的认识,民间法可以分为家庭婚姻规范、财产权规范、伦理道德规范、禁止性和程序性规范、公共事务规范、处罚性规范、宗族规范等。

4.2.1 家庭婚姻规范

婚姻是家庭的纽带和桥梁,没有婚姻作为载体,无以产生家庭,而家庭作为构成社会、组成国家的最基本的单元和要素,不仅是最小的生产生活组织,而且也是人类自身繁衍和延续的功能载体,从一定意义上讲,没有家庭,无从谈起文化和文明,也无从谈起国家和社会。因此,无论人们文化素质高低、经济地位如何、物质是否匮乏,人们最早关注、与人们联系最紧密的仍然是家庭,因为公民还会出现无国籍的现象,即无国籍人,但没有一个人无家庭联系(即使是非婚生子女,也无法排除这一点),从血亲的角度讲根本不存在无家庭联系的人。

所以,民间法中大量的规范是关于婚姻家庭的规范,内容主要涉及结婚的条件、离婚的条件、性关系的限制等。

4.2.1.1 结婚的条件

结婚条件包括结婚的禁止性要件、实质性要件和形式性要件。主要规定可以结婚的年龄、禁止结婚的范围和情形、结婚的形式、结婚的程序等。比如在藏族中存在"一夫一妻"、"一夫多妻"、"一妻多夫"等婚姻形式,但严格执行"父亲亲属永远不能通婚……母亲亲属传下七世以后,便可通婚"的规定,另一种说法是禁止"同骨系的人通婚和发生性关系";① 在独龙族中曾经盛行"转房制"和"妻姊妹婚";② 拉祜族忌母系三代以内通婚;傣族婚后居住模式主要是从妻居等。

在宁蒗县永宁地区的摩梭人则主要遵循以母系血统为中心的婚姻形式,人称"阿注"婚,在摩梭话中"阿注"即朋友的意思,也称为"走婚",正确的称呼应是"阿夏"婚姻,在摩梭话中"阿夏"即"情人"的意思。在这种婚姻中男女之间缔结婚姻关系比较自由,解除也比较自由,通常是男子夜间到女方家访宿,男女双方各自居住于母家,属于两个家庭,处于不同的经济单位,存在婚姻关系的双方实际上不构成家庭关系,而只存在婚姻关系,这是婚姻中较为罕见的婚姻与家庭相分离的特殊情形,带有血缘婚和群婚的残余,在同居中所生子女属于女方,由女方抚养,男方没有抚养、教育子女的责任和义务。

在我国广大农村地区,结婚往往要遵循说媒、订婚、纳礼、迎娶等程序和步骤,否则会被认为不看重婚姻大事,女方父母也往往不会同意。对结婚的形式要件往往以是否举行民间仪式为判断标准,否则即使按照《婚姻法》履行了结婚登记,也得不到群众的认同,如果未举行仪式(即使已经登记取得了结婚证)就同居生活,也要受到舆论和人们的谴责;相反,如果举行了仪式而没有登记领取结婚证也能得到群众的理解与认同,甚至出现民间法与国家法的剧烈冲突,乡民们对国家法大惑不解,甚至认

---

① 参见马戎《民族与社会发展》,北京:民族出版社,2001年版,第283页。
② "转房制"是指丈夫去世的妇女应转嫁给前夫的亲兄弟或堂兄弟,或者转嫁给其姐(妹)夫。"妻姊妹婚"是指一个男子可以娶两个或数个互为亲姐妹或堂姐妹的女子为妻,死去妻子的男子也往往续娶原妻的姐妹。

为冤枉，对当事人寄予更多的同情和支持（至少是道义上和情感上的）。①

4.2.1.2 离婚的条件

由于受传统的"三纲五常"（三纲：君为臣纲、父为子纲、夫为妻纲；五常：仁、义、礼、智、信）思想的影响，在汉族群众中，人们对离婚是避而不谈的。尽管在古代也有很多休妻的规定，但时至今日，人们仍然认为离婚是一件坏事，甚至在面对家庭暴力的情况下也不愿意提及，所以在农村地区离婚率明显低于城市，越是落后地区这种比例可能就越低。一是传统的男性中心主义家庭模式和社会认知心理，使得男性在家庭中扮演着强者的角色。二是离婚对于双方来讲成本较大，而任何一方都无法独立面对由此而导致的分割财产、生产生活资料，子女抚养等遗留下的包袱，对于农村女性来说就更加艰难。在一定意义上讲，农村女性没有独立的经济来源，没有独立的经济地位，反映在生活实际中就是对男性的人身依附关系更强，而农村男性在经济不发达的情况下，无疑对农村女性也就产生一定的相互依赖的关系，

---

① 这类例子很多。比如1999年冬天，在安徽省凤阳县石塘村发生的新娘吉某到公安部门状告新郎李某强奸一案。吉某经人做媒介绍与李某相识，在父母的催促和要求下并不十分情愿地与李某按当地习俗举行了婚礼。婚后，吉某拒绝与李某同房，李某采用暴力迫使其与自己发生了性关系。2000年6月6日，凤阳县人民法院以二人并没有领取结婚证，其婚姻关系不受法律保护，依据《中华人民共和国刑法》（下简称《刑法》）判定强奸罪成立，判处李某有期徒刑3年；与此同时，李某也以吉某借婚姻骗取彩礼为由向当地人民法院提起诉讼，后经人民法院审理，判决解除双方的同居关系，责令吉某返还部分彩礼。村民和吉某的父母、亲戚对吉某的行为难以理解，对人民法院的判决感到困惑和不解，村民认为李某实在是冤枉，明媒正娶、办完喜事吉某就是李家的人了，强奸之说莫名其妙，让村民"摸不着北"。有关部门在认定这一事件的时候也是存在多种分歧，争论较大。此案经中央电视台《今日说法》栏目播报，在全国引起了很大的轰动，也引起了学者们的注意，这本身也说明了此类问题的普遍性和典型性。

这是农村地区离婚率较低的合理原因和内在因素。三是农村妇女的家庭地位较低，与男性的地位根本不处于同一个水平上，在一定程度上农村女性还处于被支配的地位。四是农村妇女面对社会的压力和舆论的谴责还处于弱势地位，而农村社会中对农村女性再婚的挑剔程度也无疑加大了婚姻的成本。

在传统社会中，由于各民族的发展不很平衡，在婚姻形态方面表现出多元化的状态，因此对待离婚的态度呈现出多样化的特征，比如云南省宁蒗县永宁地区的"阿注"婚（又名"走婚"），显然就不存在离婚的说法。"独龙族社会离婚者极少，大多数夫妻可以相恋相容地维持一生。离婚是罕见的事情。""独龙族历史上曾有夫妻感情不和，妻妹可来顶替，妻子又重新出嫁之俗。"① 也有学者认为在少数民族中，离婚相对比较容易。②"凉山彝族认为，离婚就是原有夫妻关系的脱离，仅此而已。对于婚姻的离异，彝族不像中原汉族那样感到大惊小怪，对之如洪水猛兽，视之为离经叛道，与滇西南边疆一些少数民族对离婚的认识也相去甚远，不可同日而语。"③

在傣族社会人们对结婚、离婚的限制较少，婚姻基本上处于比较自由的状态，婚姻关系的稳定性较差。而且离婚的方式十分简单，通常女方送给男方一对蜡条，男方将腊条收下或用刀割断；或者用一块白布男女双方从中剪开，各持一半，就算已经离

---

① 罗荣芬：《独龙族婚姻家庭风俗考察》，参见杜玉亭主编《传统与发展——云南少数民族现代化研究之二》，北京：中国社会科学出版社，1990年版，第458页。

② 参见张晓辉、王启梁《民间法的变迁与作用——云南25个少数民族村寨的民间法分析》，《现代法学》，2001年第5期，第32页。

③ 王学辉：《从禁忌习惯到法起源运动》，北京：法律出版社，1998年版，第148页。

婚。① 傈僳族的离婚也很简单，离婚时请代表双方的中间人参加，并刻木为证，用猪血涂于其上，再滴上一滴酒就算完事。木刻上刻有中间人的人数、姓名和性别，并将木刻交由中间人保存。②

新中国成立前，怒江州一带的勒墨人（白族）丈夫要休去妻子，就随便拾起一根柴，砍下一截，将其削成片片，刻上三个小口口交给妻子，同时向她宣布刻在木片上的内容："一是我对你十分讨厌，不想要你了"，"二是孩子归你"，"三是房屋家产归你所有"，妻子拿上木片回到娘家，把木片上的内容讲给父母，父母知情后便请两个有威望信得过的"信古"公正地裁决，"信古"受理后就找男方交涉，如果男方确实不想要妻子，并且愿意将孩子、房屋和家产让给女方，"信古"就向社会宣布"他们现在离婚了，孩子、房子、财产归女方所有"③。

哈尼族人结婚简单，离婚方便。哈尼族人离婚非常奇特，丈夫在中指长的木片两边各刻七个齿，然后从中间破开，靠在门边给女方一半，男方自收一半，就算已经离婚了。如女方再嫁，原夫有权向新夫索取初婚的财礼和一切费用，如三嫁则必须支付两个原夫的开销，"婆娘嫁得越多，身价越高"④。

此外，在少数民族的婚姻习俗中，还包含了许多关于订婚和结婚的程序、结婚的仪式、恋爱的方式、婚后居住模式等大量的

---

① 王学辉：《从禁忌习惯到法起源运动》，北京：法律出版社，1998年版，第216页

② 王学辉：《法人类学的体验——云南省怒江大峡谷傈僳族习惯法文化简析》，《西南民族学院学报》（哲社版），2002年第7期，第238页。

③ 毕坚编著：《云南少数民族婚俗录》，成都：天地出版社，1998年版，第49页。

④ 毕坚编著：《云南少数民族婚俗录》，成都：天地出版社，1998年版，第117页。

民间法规范。比如壮族的"入赘"（男嫁女娶）习俗，傣族的"偷婚"习俗，景颇族的"坐家"习俗，等等。据"坐家"习俗，婚后新娘即回娘家住，直到有身孕或生了子女才能到夫家长住，若婚后匆匆返回夫家长住会受到社会舆论的耻笑。

4.2.1.3 性关系的限制

性禁忌和结婚的禁止性规范往往是相互联系的，禁止结婚实际上包含了性禁忌的规范在里面。但在很多少数民族的禁忌中不仅有禁止结婚的要求，而且也有禁止性关系的范围。在藏族的"外婚制"中，凡是具有血缘关系的任何人，都被严格限制和排斥在性伙伴和结婚配偶的范围之外，凡是没有血缘关系的任何人，都可以成为性伙伴和配偶。①

恩格斯在《家庭、私有制和国家的起源》一书中指出："氏族的任何成员都不得在氏族内部通婚，这是氏族的根本规则，是维系氏族的纽带。"实质上表明了氏族成员之间的性关系被严格禁止和排斥，不仅道德伦理难以容忍，而且被视为最严重的罪行，重则要遭到处死，是人类维系自身繁衍的根本法则。

在佤族的传统文化中，禁止婚前发生性关系，他们认为如果婚前发生性关系会导致鬼降灾于人间；而且也禁止同姓通婚，甚至发生性关系；佤族和基诺族对妇女产后也有严格的性禁忌。而景颇族在婚前都有"干脱总"（意为串姑娘）的恋爱自由和性生活的自由，但已婚妇女则严禁与他人通奸，一旦被丈夫发现，要么被打死，要么被离弃，奸夫即使躲过被殴毙的命运，也要依照惯例杀牛"祭鬼"，并听由原夫索赔几头至几十头牛。

"严禁氏族内通婚，用宗教文化手段制约人们的意识，而以严厉的习惯法维护这种文化规范，这对于人的体质发展是有伟大的

---

① 马戎：《民族与社会发展》，北京：民族出版社，2001年版，第272页。

意义的,这是父系制时代对于人类自身发展的一大贡献,而其社会文化的法律功能是如此有效,即使现代法律也有可以借鉴之点,这也是其社会意识与社会发展相适应的反映。"① 婚姻家庭方面的民间法,维护了人类自身繁衍的物种需要,最大限度地维持了家庭的经济文化功能,真实地再现了人类社会发展变迁的历程。

4.2.2 财产权规范

财产权是公民的一项最基本的权利,是最基本的人权,西方启蒙思想家在资产阶级民主革命时期还提出了"私有财产神圣不可侵犯"的思想,江泽民同志在党的"十六大"报告中也提出"一切合法的劳动收入和合法的非劳动收入,都应当得到保护"②,而在《中华人民共和国民法典(草案)》中专门单列"物权法"一编,立法的本意就是鼓励人们创造财富,只有每个人都富裕了,国家也才能富强,反之亦然。而我国学界对"物权法"抑或"财产权法"存在争议,其实质上是对"物权"或"财产权"的争议,即使是在赞成"财产权法"的一派中,也还存在体系划分的争论,比如梁慧星教授主张"以物权和债权二分法作为民法典财产法体系的基础,知识产权法则作为民法典的特别法存在",而郑成思教授主张"以动产、不动产和无形资产为财产法的体系基础,债权法独立于财产权法而成为独立一编"。③

在传统农村社会中,人们根本没有"物"和"债"的概念,

---

① 向跃平:《基诺、佤族的文化与生育行为》,参见杜玉亭主编《传统与发展——云南少数民族现代化研究之二》,北京:中国社会科学出版社,1990年版,第350页。

② 江泽民:《全面建设小康社会、开创中国特色社会主义事业新局面》,《求是》,2002年第22期,第7页。

③ 周江洪:《"财产法"抑或"物权法"之辨析》,《法学》,2002年第4期,第49—50页。

而只有财产的概念,加之中国传统法律文化中"重刑轻民"思想的长期熏陶和制约,在官方的国家制定法中对"财产法"也很少有系统的体例和规范,而在民间法领域中,财产关系是仅次于婚姻家庭关系的重要社会关系。因此,笔者认为将民间法中的物权、债权、财产所有权等概括为"财产权规范"比较符合社会实际和文化认同的心理,更能准确地描述民间法的内容。

4.2.2.1 土地使用权

土地是人们赖以生存的最基本的生产生活资料,是人们谋生的主要依靠手段,毛主席曾经说过:"谁赢得农民,谁就能赢得中国;谁能解决土地问题,谁就能赢得农民。"① 土地问题历来都是治国安邦的根本性问题,农民问题的核心实际上就是土地问题。所以,土地历来都是农民关注的焦点,即使是在改革开放的今天,许多村规民约仍然对土地的占有、使用及收益权作出各种规定,甚至出现违背国家法律的规定或者用民间法的规定对抗人民法院的判决的事例。比如中央电视台《今日说法》就报道过一个典型的案例,北方某地一对夫妇经人民法院判决离婚,该妇女再婚嫁到邻村,原在村民委员会以该妇女已不是本村人为由,将其使用的土地收回集体并重新分配给该妇女原来的公婆使用,该妇女不服,因为自己再嫁之后没有土地,而自己原来是在前夫家参与土地承包的,应当按照当时的分配比例享有一份土地使用权为由诉至人民法院,人民法院根据事实和法律支持了该妇女的请求,但判决却多年未得到落实,每年自己耕种的庄稼都被其原来的公公提前收割。村民委员会和被告(其原来的公公)站在村规民约的立场,极力维护被告利益,而该妇女却站在法律一边,极力主张自己的权利。这种类型的例子近年来已在许多地方

---

① 转引自王春光《中国农村社会变迁》,昆明:云南人民出版社,1996年版,第7页。

发生,国家法与民间法在特定的场景中展开了正面交锋。

显然,随着经济发展的加速和全面建设小康社会的推进,农村社会正逐步从传统农业社会向现代工业社会转型,农民内部和乡村关系都在发生一定的分化。非农化进程的加快,无疑会影响着农民对土地的态度和降低农民生存中对土地的绝对依赖性,这也促使民间法发生了变化,民间法表现出与社会和时代的相互调适和协同,由过去单纯规定土地使用权,扩大到土地的转包、出租、转让和土地承包收益的继承、妇女出嫁后的土地使用权收益权等问题。

4.2.2.2 债权

债权是人们在社会交往中产生的一种财产权,现代民法理论通常认为产生债的原因主要有:合同、侵权行为、不当得利和无因管理。在农村社会中,债产生的主要原因有:(1)因借贷而产生的财物之债。(2)因互助而发生的劳务之债。(3)因侵权而产生的损害赔偿之债。(4)因合同而产生的合同之债。(5)因生产资料的借用而产生的返还或损害赔偿之债。(6)因恶意占有而产生的侵权之债。

"欠债还钱"是一条基本的伦理道德规范,人们对拖欠债务、不讲诚信的人给予谴责,在民间法中往往加以强制性规制,以维护债权人的利益。同时对借债务之名实行抢夺、敲诈勒索等严重违法犯罪行为给予处罚,以维护债务人的合法权益。"债务事情,如有坚抗不还,亦须声明庄中,协同公亲,到欠债家中理论,自有处办之法,不得在田中、牛埠,擅行抢夺。违者,重罚。若系恃强、挟恨,索诈图赖者,通庄出力,抵当处治,断不宽纵以长刁风。"[①]

---

① 安徽歙县《岩镇志草》贞集《题岩镇备倭乡约》,转引自罗昶、瑞溪《中国村落习惯法初探》,《法商研究》,1997年第1期,第81页。

4.2.2.3 财产所有权

由于经济的相对落后性,在农村社会中,尤其是传统农村社会中人们之间的经济关系相对比较简单,财产主要涉及家庭财产的所有权和财产的继承权问题,对于家庭财产原则上是由家庭成员共同共有,但在名义上和实质上都属于家长所有,尤其是男性家长所有,子女即使是已经成年,一般也不具有处分家庭财产的权利。

在传统法文化观念中,人们对继承的认识一般都是传男不传女,出嫁的女儿无继承权,使家产始终保持在父子一方。直到今天,在广大农村地区这种观念都还很有市场,在分家析产的时候很少考虑出嫁女儿的份额,而农村女性也由于深受这种观念的影响,也很少有女性主动提出继承的主张。"由于习惯法公开主张男女不平等,规定女性无权继承家族世系及财产,使人们千方百计想生男孩,以传祖宗香火。"①

在独龙族的习惯法中家庭财产主要由小儿子继承,长子和次子只享有部分财产继承权。而在傣族的习惯法中则男女都享有继承权,其继承顺序、遗产处理、继承方式等都与现行继承法十分相近,是少数民族中比较先进和现代的继承制度。在景颇族的婚姻中由于婚前有性关系的自由,非婚生子女普遍存在,并且同婚生子女一样具有家产继承权。在壮族的"入赘"习俗中,子女从母姓,有继承母亲财产的权利。

4.2.3 伦理道德规范

伦理道德规范在传统社会中主要表现为"礼",它不仅是确

---

① 张锡盛:《婚姻家庭习惯法与婚姻法》,参见杜玉亭主编《传统与发展——云南少数民族现代化研究之二》,北京:中国社会科学出版社,1990年版,第491页。

定人与人之间的各种社会关系的基本尺度，而且也是衡量人的一切行为的根本准则。"礼"不仅调整人与人之间的亲疏、辈分、长幼、上下等人伦秩序，而且也调整是非曲直、善恶美丑等理性秩序。"在社会中人们必须绝对服从于礼，礼是规范人们行为的最高准则，法律只不过是对礼的具体化和补充，礼为本，法为用，礼主内，法治外。""礼是无所不包的，从每个人的生老病死、婚丧嫁娶到举手投足等具体的生活行为中都有礼，各种礼潜移默化在每个人的头脑中，成为判断是非善恶的最高标准和强大的社会舆论力量。"①

在传统法文化中，国家法甚至对触犯伦理道德规范的行为处以重刑，将"不孝"、"不睦"、"不义"等伦理犯罪定为十恶不赦之罪，讲究与人为善，互相帮助，为人诚实守信，尊老爱幼。比如云南省通海县的蒙古族中至今还保持着"接柴"的古规，即凡是有人外出挑柴，家中必须要有人去接。不去接柴往往被人们看成是一家人互不关心、不懂礼貌和不守古规的表现。② 在拉祜族的寨规中也有"不准睡别人的女人，女人不准养汉子，如有发现乱棒打死，牛猪供全寨人杀吃"，"要孝敬父母、尊敬头人和老人"等内容。在澜沧县糯福乡南段老寨寨规中有"要孝敬父母，尊重长辈，尊重头人，对头人要有礼节，要听老人的话，要永远保持本民族的礼"、"不欺骗人，要诚实"、"不偷盗、不打架，要团结友爱"的规定。③ 在某乡的《依法治乡民主管理办法》中还有"道德文明户"和"不道德不文明户"评比标准

---

① 田成有：《法律社会学的学理与运用》，北京：中国检察出版社，2002年版，第92—93页。
② 方慧：《少数民族传统美德与民族地区民主法制建设——以云南省通海县兴蒙乡蒙古族为例》，《云南社会科学》，2002年第6期，第59页。
③ 参见张晓辉、王启梁《民间法的变迁与作用——云南25个少数民族村寨的民间法分析》，《现代法学》，2001年第5期，第32页。

和条件，对人们的日常伦理道德规范作出了详细的规定，并且吸收了很多国家法的规定，表现出国家法与民间法融合的趋势。

4.2.4 禁止性和程序性规范

最常见的禁止性规范是禁忌，它是一种最早、最特殊的规范形式，是最古老的无形法律，扮演着法律的角色，发挥着法律的作用。禁忌主要来源于人们与自然的斗争和生产生活的实践，人们无法解释自然及其人类自身的一些特殊行为和现象，面对生与死的考验和挑战，人们把内心的恐惧外化为一种禁止性规定，用于警示和提醒人们，一旦触犯就会导致霉运或者疾病，甚至死亡，使得禁忌不仅带有神秘性，而且也带有很强的宗教色彩和盲目崇拜性。禁忌一方面起着警示、引导的作用；另一方面也发挥着惩罚和规制的作用，对维护社会稳定和促进人的发展起到了不可估量的作用。

在人们长期的生产生活实践中，禁忌主要表现为生产禁忌、疾病禁忌、食物禁忌、婚姻禁忌、生育禁忌、丧葬禁忌、社交禁忌等类型。比如独龙族妇女从怀孕之日起不能砍树桩，严禁从男人的弩弓、箭、砍刀等物件上跨过，也不能用手触摸。丈夫从知道妻子怀孕之日起，不再上山打猎。拉祜族严禁乱砍神树林和水源林。傈僳族禁忌打死蜘蛛和青蛙，相传是蜘蛛教会人们织布，青蛙掩盖人们的脚印和预告无雨；女人不能切肉，更不能杀猪宰羊待客。佤族忌深夜洗碗筷，认为会冲走饭鬼，造成缺粮饿肚子。[①]

最常见的一种程序性规范是仪式，它是民间法的重要表现形式。通常表现为丧葬仪式、订婚仪式、结婚仪式、成年仪式、上

---

① 王学辉：《从禁忌习惯到法起源运动》，北京：法律出版社，1998年版，第14页。

房仪式、祭祀仪式等。比如普米族在 13 岁前一般不穿裤子或裙子，仅穿麻布长衫，腰上系一根布带。在满 13 岁那天举行成年仪式后，男孩上衣是右襟短衫，下为长裤；少女上衣为右襟短衫，下为百褶裙。① 又比如一些地方在推行退耕还林中要封山育林，老百姓仍然照样放牧和砍伐，于是举行"杀羊祭山"活动②，从此人们遵守无疑，比法制宣传的效果实际上要好得多，达到了封山育林的效果。

4.2.5 公共事务性规范

公共事务性规范主要规定村寨的管理、组织集体活动、调解纠纷和维护公共秩序等内容。比如拉祜族民间有"卡些"规范；壮族民间有"寨老"规范；傣族民间有"村社"规范；瑶族民间有"瑶老"规范；布朗族民间有"村社官职"规范；白族民间有"议事会"规范；景颇族民间有"山官"规范；彝族民间有"家长"规范。这些规范主要规定村寨头人的任职资格、职责及其效力。比如拉祜族的"卡些"一般由最先到达该村建房居住的长者担任，可以世袭；不称职者，则由村民推选更换；"卡些"主要承担管理村社内务，主持公道，调解纠纷，对外代表村庄。③

---

① 毕坚编著：《云南少数民族婚俗录》，成都：天地出版社，1998 年版，第 267 页。
② 即由村民委员会或社购买几只山羊，凡属于封山育林范围内的家庭户，每户人家派出一位成年人（最好是家长）参与，大家共同杀羊，用羊血祭山，然后大家一起饮酒吃羊肉，以此告诫人们今后不准放牲畜入山，也不准乱砍滥伐林木，一经发现，轻则赔偿羊钱，重则送交司法机关处理。
③ 屈野：《中国少数民族习惯法简述》，《云南法学》，2000 年第 2 期，第 1 页。

4.2.6 处罚性规范

处罚性规范是民间法的重要组成部分，是保障民间法得以实施和延续的主要手段。主要表现为三种处罚方式：

一是财产罚，主要有罚款、赔偿财物和使触犯民间法的人遭受损失三种方式。（1）罚款是最常见的处罚方式，在××县××乡的《依法治乡民主管理办法》中共计94个条文，涉及罚款规定的就达到47条，刚好占50%。（2）赔偿财物一般可以以金钱和食物支付，如独龙族婚姻关系中男方主动提出离婚，须付给女方一定的"洗脸钱"，并不能索回聘礼。（3）使触犯民间法的人遭受损失，比如在一些少数民族中流行"洗寨子"的处罚方式，即由违反民间法的人杀猪宰羊，并请全村男女老少吃饭，对于比较贫穷的人来说，这种处罚有点让其倾家荡产的感觉，其威慑力是比较大的。

二是人身罚，主要是处死、鞭笞、驱逐出村或者氏族。如在景颇族的习惯法中偷窃者被当场发现打死，物主不用赔命金，也不负任何责任，小偷是罪有应得。苗族的习惯法中规定，凡偷盗五六次者，一经抓住，由村寨头人召开群众大会处理，并罚牛一头，若再犯偷盗之事，则将被处死。

三是神判罚。神判是以非人的神灵为后盾来裁决人们是否有罪或是否应当承担责任的一种归责方式。这种处罚方式长期存在于少数民族的民间法中，比如傈僳族的"捞油锅"、"拔火桩"，独龙族的"天断"，彝族的"捞开水"，景颇族的"闷水"，佤族的"捞石头"等。

4.2.7 宗族规范

宗族规范是民间法的一种重要规范，维系着宗族的繁衍和变迁，在人类自身发展和社会生产的发展史上具有一定的积极意义，在特定的历史条件下，宗族规范起到了促进社会发展的作用,需要客观而冷静地作出分析,而不是简单地用"落后的、封建的"论调加以彻底否定,在理论上加以研究是必要和有意义的,但在法治化的进程中宗族意识和规范则不宜过多提倡。

宗族规范的内容主要有:

第一,父系血缘法则。父系血缘关系是宗族维护自身生存的基本法则,在农村社会中主要表现为整理和重修族谱。在修谱中对血缘关系的维护出现了两类情况:其一,继续维护同一始祖血缘关系的纯洁性,要求"凡立异姓为后者不书,随母嫁来者不书","切不可抱异姓之子为继,致乱宗事"。其二,同一始祖的血缘关系出现松动或淡化时,"招郎者均应上谱",将并非同出一脉的本姓人员联为一宗,形成同姓即同宗的宗族。对父系规则的态度还集中反映在对女性上谱的态度上,这也出现两种情况:一是仍然坚持宗族的父系单传规则,以为"女可不书";二是作了变通,都允许女性上谱。当然,允许女性上谱并不直接表明父系单传规则的动摇。但是,也有允许本宗女性招婿,并让女性上谱之主线,让血缘延续下去,这实际上是对以宗族父系规则的历史性变革。当前宗族重建中,父系血缘纽带这一传统的法则已受到冲击,发生变动。父系宗族的血缘法则,在一定程度上反映和体现了男尊女卑的思想,是对妇女的歧视。

第二,支房结构及其相互关系。一般地,宗族存在着族——支——房的纵向结构。当前,重建的宗族已普遍恢复这一结构。但在同时,却对支与支、房与房之间的关系作了较大的改变。在传统宗族内部,这种关系是以"宗子"为中心的不平等结构,往往有尊卑之分,并带有权利与义务关系的不对等性。而至今,这种不平等结构已不复存在,保留的仅仅是大小排序之别。如在族谱中支房的排序,以及"散谱"(有的叫"开谱"、"接谱")中发谱、游谱的排序,一般还是按大小支房来进行的。但排序也仅此而已,再没有尊卑之分。

第三，族规家约。宗族规范包括"家法"、"族规"等强制性规定和"家训"、"家约"等伦理性训诫。自清末以来强制性惩罚办法逐渐衰弱，但仍有自己的族规。有的宗族完全套用着老的族规，既有伦理性训诫内容，也有一些类似"本堂内不得互婚；填房者应于同辈，不得以大填小，或以小做大"的强制性族规，并为违反族规的子民设置了"众议逐之"、"众议责罚"的条款。有的宗族新订立的宗族规范，就完全以伦理性训诫为内容，甚至直接将遵守现行政策、法律作为其内容。如《叶氏家约十例》其要为："一、孝顺父母，二、友爱兄弟，三、教育子女，四、和宗睦族，五、勤耕苦读，六、遵纪守法，七、禁赌博嫖娼，八、禁打架滋事，九、禁妖术邪恶，十、响应党的号召，执行党的方针政策。"这些新式族规、家约的出现，显示着宗族与社会相适应的努力。

除了上述成文形式外，宗族规范还有另外一些形式。其中大量的是不成文的宗族习惯，如节庆、婚丧、礼仪等活动，一般都有约定俗成的规矩。在处置族际纠纷、发动宗族械斗时，各宗族也多有自己的习惯，如要求一致对外，抚恤伤残者，供养死者亲属，惩办退缩者，等等。在某种程度上，与成文规范相比较，这些不成文的规范保留着更多的传统性，也发挥着更大的约束作用。

4.3 民间法的渊源

民间法的渊源就是指民间法的表现形式。民间法无论在内容上和形式上都表现出多元化的特征，既有成文的民间法，也有口耳相传的民间法，在内容上涵盖了婚姻家庭、生产制度、财产制度、公共事务、处罚方式等方面，并且对同一事物在不同民族的民间法中认识不一样，在同一民族的不同发展时期认识也会不一样，反映在民间法上就表现出多元化的特征，同时也说明了民间法本身也是随着各民族的物质生活条件的变化而发展变化的,民间法本身的发展变迁也就是社会和各民族发展变迁的体现和真实写照。

4.3.1 禁忌礼仪

禁忌是关于神圣或不洁事物约定俗成的一种禁止性的行为规范,对人们的生产生活、思想观念、行为模式等都起着某种制约作用。在我国古代典籍中就有"入境而问禁,入国而问俗,入门而问忌"① 的记载,而违反禁忌的人通常要受到处罚。在现代汉语里,禁忌通常有两层含义:一是指忌讳的话和行动;一是指医药上应避免的事物。②

禁忌(Taboo)最早来自于南太平洋波利尼西亚群岛的汤加岛人的土语。在原始社会时期,人们还处于低级和蒙昧时期,生产工具极其简陋,人们对自然界中的很多现象既不能认识,也解释不清,更无法战胜,基于求生的本能,人们希望通过控制和约束自我,并将这种约束和控制赋予神秘的力量,从而避免厄运和惩罚,这是禁忌产生的主要原因,是人类趋利避害本能的最初体现,它禁止人们为和不为一定的行为,在一种极端神秘的力量的威慑下,人们由于对死的惧怕和对生的渴望而不得不严守禁忌。于是禁忌就成为原始社会中最早的行为规范,是法律的源头和最初形式。

尽管社会生产力不断发展,人类文明取得了很大的进步,人类在与自然的斗争过程中,对宇宙和自然的认识不断提高,但仍然存在很多不能解释的东西,尤其是在农村地区,农民的知识素养和水平还很低,受现代文明的冲击和熏陶还很有限,在生产生活中更多的是依靠经验和体力来获取收益,而不是现代的工具和知识。因此,各类禁忌作为生产生活经验的一部分,深深扎根于

---

① 《礼记·曲礼》。
② 《现代汉语词典》,北京:商务印书馆,1986年版。

人们的心中，成为一种永远不可触犯的规则。从历史和发展的角度讲，禁忌起到了维护人类自身繁衍和保持社会稳定的积极作用；从功能和价值论的角度讲，禁忌起到了警示、归制、约束和引导的功能，承担着法律的功能；从文化和意识角度讲，禁忌又体现着文化的演进和人类文明的变迁；从理性和智识的角度讲，禁忌又带有强烈的神秘色彩和落后性。

礼仪是人们在待人接物、为人处世方面所表现出来的态度和遵循的基本准则。人们在长期的生产生活中形成了一套特殊的礼仪规范，我国素有"礼仪之邦"的美誉。在儒家文化中，"礼"是最基本的规范，上至皇帝下至庶民都必须遵循一定的礼仪，君臣、父子、夫妻、长幼、尊卑、上下、左右之间有严格的伦理秩序，在人与人之间建立起了一套等级森严的"礼治"秩序。而在广大的民间，各民族的人们根据不同的生产生活实际形成了更加繁多的礼仪秩序。比如在恋爱和社交方式上，就有苗族的"走寨"（又称"走妹"）、侗族的"竹歌坐月"、普米族的"转山会"、景颇族的"干脱总"、摩梭人的"转山节"等形式；在婚姻形式上，就有苗族、哈尼族等的"抢婚"、摩梭人的"走婚"、景颇族的"偷婚"、拉祜族和独龙族的"服役婚"等；在定亲和娶亲的形式上，就有苗族的《开亲歌》、傣族的《成婚歌》、独龙族的《劝嫁歌》、普米族的《出嫁歌》等。而这些活动都与特定的仪式相结合，成为进行某项重大事件的特定程序，形成一种格式化的习惯做法，不仅规范着人们的行为，而且也承载着特定区域的文明与生活。

4.3.2 风俗习惯

风俗是人们在生产生活的实践中形成的风尚和习俗。每个民族都有与其社会经济发展阶段和民族意识相适应的风尚和习俗，风俗成为各民族的一种独特的文化现象。习惯是人们在长期的生产生活中形成的具有一定强制性的行为规范。在很多时候风俗和习惯是不可分的，它们互相交织、互相包含，很难作出严格的区分。

在法学领域，与习惯紧密相连的概念是习惯法，有学者认为"习惯和习惯法只是一种不同的称谓而已，两者没有多少实质区别"①。"一旦一个家庭、一个群体、一个部落或一个民族的成员开始普遍而持续地遵守某些被认为具有法律强制力的惯例和习惯时，习惯法便产生了。"② 在这里，我们无意于对风俗、习惯和习惯法是否存在异同展开讨论和详细论述，而只是想说明风俗、习惯和习惯法在人类社会发展的过程中扮演着规范人们的行为，调整着人与人之间的关系，在一定程度上维护着社会的稳定与繁荣的角色，起着法的作用，是伴随着人类社会自身的发展变迁的行为规范，与禁忌仪式一样是人类较早的规范形式，是民间法的重要表现形式。

在学术理论界，习惯法的提法非常普遍，并且由来已久，研究学者和著作、论文也不少③，但是习惯法既可以是国家认可的官方法，也可以是流行于民间的国家法，与习惯法相对应的概念应当是制定法，而本文提出的是国家法的概念，与国家法相对应

---

① 田成有：《习惯法是法吗?》，《云南法学》，2000年第3期，第14页。
② ［美］E. 博登海默著，邓正来译：《法理学：法律哲学与法律立法》，北京：中国政法大学出版社，1999年版，第381页。
③ 比如，高其才：《中国习惯法论》，长沙：湖南出版社，1995年版；梁治平：《清代习惯法：社会与国家》，北京：中国政法大学出版社，1996年版；徐中起等主编：《少数民族习惯法研究》，昆明：云南大学出版社，1998年版；俞荣根主编：《羌族习惯法》，重庆：重庆出版社，2000年版；田成有：《习惯法是法吗?》；沈寿文：《从习惯法的争论看法律的一元与多元》；王启梁：《习惯法若干问题浅议》；王鑫：《习惯法不是法吗?》；刘娟：《国家法与习惯法的取舍》；高崇慧：《习惯法与国家法的互动关系》，《云南法学》，2000年第3期；高其才：《习惯法与少数民族习惯法》，《云南法学》，2002年第3期；屈野：《中国少数民族习惯法简述》，《云南法学》，2000年第2期；等等。

的概念应当是民间法最为贴切,因此本文中没有对习惯法与民间法的异同作出比较,而是直接采用了民间法的提法。

恩格斯很早就指出:"在社会发展某个很早的阶段,产生了这样一种需要:把每天重复着的生产、分配和交换产品的行为用一个共同规则概括起来,设法使个人服从生产和交换的一般条件。这个规则首先表现为习惯,后来便成了法律。随着法律的产生,就必然产生出以维持法律为职责的机关——公众权力,即国家。"① 恩格斯的论述肯定了习惯是法的源头和最初表现,在很大程度上表明了习惯本身具有的规范属性和功能,习惯在没有国家法的时期和国家法比较薄弱的领域发挥着规范的作用。

英国著名人类学家马林诺夫斯基明确提出,"着力说明和展示自觉遵从习俗的教条在原始法律研究中的统治地位是轻而易举的","原始人对所有法律的服从是因为他们具有服从法律的不为外人所知的倾向",而且"在他前进的路上,他总是沿着阻力最小的方向前行"。②

4.3.3 村规民约

村规民约是经过村民大会或者村民代表大会讨论通过,对全体村民都有约束力的行为规范的总称。随着社会的发展变化,村规民约的内容也有一个发展变化的过程,过去的村规民约主要涉及道德伦理、婚姻家庭、土地等生产生活关系,而现在的村规民约的内容往往涉及土地使用制度、集体财务管理、婚姻家庭关系、村风民俗、邻里关系、道德伦理、敬老爱幼、社会治安、山林地界纠纷及其纠纷的处理方式等方面,甚至还涉及村委会议事

---

① 恩格斯:《论住宅问题》,《马克思恩格斯选集》第2卷,第538页。
② [英]马林诺夫斯基著,原江译:《原始社会的犯罪与习俗》,昆明:云南人民出版社,2002年版,第3页。

制度、民主决策制度、政务公开制度、村民参与决策制度等具有现代民主管理和权利意识的内容。

在中国最基层的乡村社会中，村规民约起到了以下作用：(1) 村规民约以制度的形式为村民参与公共事务和行使民主权利提供了制度保障和组织渠道。(2) 村规民约维护了乡村社会的秩序和稳定，对促进乡村社会的发展与繁荣起到了良好的保障作用。(3) 村规民约规范、引导和警示着村民的行为模式，约束和控制了村民的行为。(4) 村规民约填补了国家法在乡村社会中的缺位和不足，甚至在一定程度上吸收了国家法的精神，将其与当地习俗相结合，用乡村化的语言和村民自己的思维方式加以表述，一方面强化了国家法的渗透，另一方面巩固了民间法的地位。(5) 村规民约维护了村风民俗的相对一致性，保持了地方文化的延续，促进了人自身的发展。

4.4 民间法在农村社会中的地位和作用

民间法作为一种"活的法律"，在中国农村社会中具有突出的地位，发挥着巨大的作用，是农村社会稳定与繁荣的润滑剂。自由法学派的创始人埃利希认为法学研究的主要对象是"活法"，因为"活法"是支配生活本身的法律，尽管这种法律并未被制定成法律条文，但是它支配着实际的社会生活，是人类行为的真正决定因素。[①] 因此，研究民间法的地位和作用，不仅是为了准确定位中国法治建设的重心，而且也有助于理清社会的变迁与发展。

纵观民间法的内容和特点，民间法受当地社会的实际的物质生活条件所制约，受到地区发展、经济状况、文化水平、居民素

[①] 参见田成有《法律社会学的学理与运用》，北京：中国检察出版社，2002年版，第45—46页。

质等多种因素的影响，民间法既存在消极作用和影响，也存在积极作用和影响。在二者中，消极作用是次要的，积极作用是主要的。

4.4.1 维护基层社会稳定，促进社会发展

民间法作为一种社会控制和调节的手段，内容涉及婚姻家庭、公共事务管理、道德伦理、风俗习惯等行为规范和秩序，它以禁忌等形式限制了人类的本能行为，制止和预防潜在的危险和灾难（而这种危险和灾难往往是观念中的），使人们在尊重群体意志和公共规范的基础上，达到禁纷止争、与人友善、社会协调、秩序和谐的效果和目的，从而建构起农村社会的基本秩序和社会结构，维护了社会的稳定与繁荣，促进了社会的发展。

法律多元论认为，任何社会秩序的建构都不是单纯地依赖于国家正式的法律制度，在国家法之外还存在着不同的规范模式，它们也起着社会调整器的作用，是社会秩序的重要组成部分。"社会的存在与发展必以一套国家法之外的法律为前提。""即使是在当代最发达的国家，国家法也不是唯一的法律，在所谓正式的法律之外还存在大量的非正式法律。"[①] "在国家法之外，本土的民间法资源也在发挥其固有的调控、规范功能，特别是在一些经济较为落后、传统因素保存较多的乡村地区，民间法对社会的影响、调控甚至超过了国家法。"[②]

4.4.2 规范人的行为，促进人自身的发展

民间法以规范的形式为人们设定了一定的"权利"和"义

[①] 梁治平：《清代习惯法：社会与国家》，北京：中国政法大学出版社，1996年版，第32页。

[②] 陈敬刚：《国家法与民间法的二元建构及其互动之思考》，《河北法学》，2000年第4期，第15页。

务",要求人们可以做什么,而不可以做什么,应当做什么,而不应当做什么,在人与人之间建构起特定的伦理道德秩序和行为模式,并且逐步使这种规范内化为人们内心的观念和思想体系,自觉地、稳定地调节着人们的行为,成为人们日常生活的重要组成部分。尤其是民间法对"氏族内婚"、"血缘婚姻"等的严格限制,包括长幼之节、孝敬父母等伦理规范的严格遵守,在人类社会维护自身繁衍、促进人的发展上起到了巨大的促进作用。

在分析了民间法在人类社会的发展和变迁中的巨大作用之后,那种把民间法看做是落后、愚昧、封建、迷信等的单一论者,无疑不再需要更多的批判,也没有必要为民间法再作出更多的解释。民间法是一种客观的存在,它的存在是人类社会自身发展变迁的需要,民间法已经成为璀璨法律文化的重要组成部分,成为不可多得的社会自生型法律资源,是人类文明的宝贵遗产。"在中国社会中,许多带着传统法律文化色彩的民间规范正组织着社会生活,调整着各种矛盾和冲突。"① 我们应该站在人类学和文化学的立场,以法人类学和法文化学的眼光来分析和看待民间法,这不仅有助于对人类自身繁衍变迁的理解,而且有助于探寻法律的本来面目。

4.4.3 填补国家法的空缺,延续着国家权力对社会的控制

"国家法基本上属于舶来品,是国家经过缜密思考之后强加给社会的行为规则,它缺乏坚实的社会基础和我国固有法律文化的支撑,还远没有内化为人们的价值观和内心需要,不可能完全替代民间法对人民群众日常社会生活进行调控、规制。"② 国家

---

① 苏力:《法治及其本土资源》,北京:中国政法大学出版社,1996年版,第55页。
② 陈敬刚:《国家法与民间法的二元建构及其互动之思考》,《河北法学》,2000年第4期,第16页。

法需要一套完备的司法装置（包括建筑、装备、人员、器械、服饰等）来实现其自身的价值和效力，而在农村社会中，既缺乏法律实施的装置，也缺乏法律实施的其他条件，诸如意识、观念、心理、经济实力等。而民间法是人们在日常生产生活中自发形成的规则，其效力和价值的实现主要依赖于人们的情感和心理认同以及舆论和道德的谴责来维持，基本上不需要外部力量的干预和帮助。

因此，民间法填补了国家法在农村社会中的缺位，充当起调节社会关系、维护社会稳定的角色，在一定程度上它替代国家法而成为国家权力在农村社会中的延伸；另一方面它也阻碍着国家法的渗透和推行，农村社会成为国家法与民间法正面交锋的特殊场域。"当代中国的国家制定法和民间法之间在某些时候、某些问题上必定会发生冲突。作为一种在短期内已无法消除的现实，这两者都必定会在中国这块土地上同时存在。"①

4.4.4 承载着法的演变，丰富法律文化和法治资源的内容

在民间法的内容中，包含着很多法的最初形式，比如禁忌、风俗、习惯等。马林诺夫斯基认为在"习惯"、"民风"、"风俗"、"常规"和"法律"之间可以谱成一个连续体，"'习惯'是个日用而不知的沿袭的规则，到'民风'时，便具有规范的性质，但并不认真，顶多是嘲谑。一旦变成'风俗'，便有相当明确的规范。""在初民社会中，由风俗到习惯法的过渡历程是相当流动性的，法律是由风俗演变而成，但它们之间实在很难作清楚的划分界限。"②

---

① 苏力：《法治及其本土资源》，北京：中国政法大学出版社，1996年版，第65页。
② ［英］马林诺夫斯基著，原江译：《原始社会的犯罪与习俗》，昆明：云南人民出版社，2002年版，第113、114页。

正是民间法渊源和内容的多样性，使得法律表现出更加多姿多彩的存在形式，使法律不仅具有专政的工具职能，而且也具有文化传承的功能，把法律看做人类社会的一种文化现象，与人类社会相始终，伴随着人类社会的发展，是人类社会发展的真实写照，丰富了法律文化和法治资源的内容。

总之，通过对民间法概念、特征、内容、渊源和作用的分析，有几点启示值得重视：（1）民间法不仅是存在的，而且大量地存在于民间社会之中，对民间法的研究和保护，应当是我国法律文化事业的一项重要而紧迫的工作。（2）要正确对待民间法的地位和作用，坚持法律多元是对待民间法的应有态度，不能因为要强化国家法的正统地位而否认和忽视民间法的存在。（3）要正确对待民间法的积极作用和消极作用，积极作用对人类社会的发展和贡献是主要的，对积极作用应当加以吸收和发扬，对消极作用可以加以改造和重塑。（4）民间法具有文化传承的功能，是灿烂民族文化的重要组成部分。（5）民间法中蕴藏着丰富的法治资源和法律文化形态，研究民间法是挖掘本土资源的最好途径。（6）民间法作为社会的调整器，承载着社会的变迁与发展和法律形态的演进。（7）民间法在一定程度上是国家法的有益补充，填补着国家法的缺位，承担着国家法对社会的控制。（8）国家法作为民族国家的符号性权力象征，代表着民族国家对社会的控制，而民间法作为一种自生型秩序规范，代表着传统市民社会的自治与成长。（9）随着国家法的推行，民间法并不会很快消失，而是被改造和提升，与国家法相互融合。（10）民间法是人类认识自身与自然的经验性总结，代表着人类自身的发展与变迁，研究民间法是探寻人类自身足迹的一种路径和渠道。

第 5 章　农村社会中国家法与民间法的互动

> 这种法律既不是铭刻在大理石上，也不是铭刻在铜表上，而是铭刻在公民的内心里；它形成了国家的真正宪法；它每天都在获得新的力量；当其他法律衰老或消亡的时候，它可以复活那些法律或代替那些法律，它可以保持一个民族的创制精神，而且可以不知不觉地以习惯的力量代替权威的力量。我说的就是风尚、习俗，而尤其是舆论；这个方面是我们的政论家所不认识的，但是其他一切方面的成功全都有系于此。
>
> ——［法］卢梭

在全面建设小康社会的过程中，我国法制现代化的速度明显加快，法律全球化的影响日益加深，但中国法治建设的实践和行动必须放在中国社会的特定场景和文化背景中来展开。中国社会正面临着巨大的转型和变革，传统文化与现代文化、传统观念与现代观念、传统的法治模式与现代的法治模式、国家法与民间法等多种文化和思潮相互交织碰撞，无疑在单纯的"法治国家"、"法制现代化"的标签式的话语中，不可能找到建设社会主义法治国家的真正途径，而只有在借鉴吸收外来文化的基础上，不断挖掘中国自身的文化潜力，在传统的法律文化和法治资源中探寻符合中国实际的法治道路。这首先必须认真审视和分析国家法与民间法的关系问题，对民间法的现状和作用进行认真的梳理，找准国家法与民间法之间的异同，认清国家法与民间法之间既冲突又对立、既融合又互动的关系，更好地把握我国法治化建设的历史进程。

5.1 国家法与民间法的异同

国家法和民间法作为一种行为规范，或者说作为一种规范性知识，既具有相同之处，也有明显的区别。

5.1.1 国家法与民间法的相同点

国家法与民间法的相同点主要表现在：

第一，国家法和民间法都是一种行为规范。无论是国家法还是民间法都规定了人们可以做什么，不可以做什么，应当做什么，不应当做什么，做了不应当做的事应当受到什么处罚，等等，为人们设定了一定的行为模式，人们必须遵守，否则就要受到制裁和处罚，起着规范、引导、制裁、评价、教育和激励人们行为的功能。人们无论是从畏惧处罚的趋利避害的心理出发，还是出于对自身利益和公共利益的考虑，都要维护这种行为规范的权威性和效力，一旦这种规范遭到破坏，一方面会导致特定个体的利益的损害，另一方面也会导致公共利益或者整个群体的利益的损害，使不特定的人的安全和利益受到威胁。这就是人们对秩序和稳定的内在需求，也是人们遵守行为规范的内在的和潜在的自然法则，是法产生和发展的心理基础和思想动力。

第二，国家法和民间法都控制和维护着社会的稳定。国家法作为国家权力的象征,不仅维护着统治秩序和统治利益的需要,对社会稳定、国家安全、人民利益等重大事项作出规定,严格控制和维护着社会的秩序,而且也对公共道德、人与人之间的关系等问题作出规定,调整着社会的公共利益和保护着公民的个人利益不受到非法侵害,对违反社会稳定和不利于社会生产生活需要的行为给予严格控制,甚至不惜动用暴力来加以处罚。民间法作为一种在特定区域发生作用的规范,仍然具有国家法一样的功能,对触犯其规范要求的行为给予制裁,引导和规制着人们的行为,使其朝着有利于社会安定团结、人民和睦相处的方向发展。无论是国家法还是民间法,都对有利于当时的特定秩序和社会稳定的行为加以引导和鼓励,而对相反的行为加以制裁和处罚,在一定程度上,国家法成为国家控制社会的最佳选择和手段,而民间法成为人们控制自身生存需要和社会环境的必然选择和途径,都起着维护社会稳定和社会秩序的作用,担负着"赏善罚奸"、"禁纷止争"、"息事宁人"、"化解矛盾"的功能,是社会稳定的调节剂和润滑剂。

第三,国家法和民间法都调节和规范着人们之间的社会关系。马克思说,人是社会关系的总和。不可否认,社会生活中的各种关系(比如人与自然、国家与社会等)最终都可以转化为人与人的关系,人不仅是社会关系的总和,而且也是社会关系中最基本、最活跃的唯一能动的主体,离开了人而空谈社会关系,就会陷入形而上学的误区之中,使社会关系失去最基本的立足点和出发点。因此,国家法和民间法作为一种规范形式,首先要调节人们之间的社会关系,正是在这个意义上,人们说法律就是一种权利义务规范,即法律首先必须规定人们享有哪些权利,具有哪些义务,不履行义务会带来什么后果,权利受到侵害或者侵害了他人的权利会导致什么后果。国家法和民间法的内容实际上也就是解决了特定主体之间的权利义务关系问题,不同的法律调整的对象不相同,这是法律分类的基础和标准,但其内容都是规定一定主体的权利义务关系问题,都是调整人们之间的社会关系。

第四,国家法和民间法都具有处罚的功能。处罚功能是法律的一项基本特征,民间法之所以不同于一般的规范形式,主要在于它具有明确的处罚方式。处罚是保障法律得以实施的主要条件和外在力量,如果法律不具有处罚性,仅凭人们的自觉遵守是不可能达到预期的目的的,这不仅在于人作为主体是千差万别的,而且还在于人是有私欲和情感的活的能动主体。尽管国家法和民间法追求的最佳效果是人们的自觉遵守,但如果没有外在强制力作为后盾,施以必要的处罚,其权威性很难树立起来,人们的自觉意识也会成为一种单相思式的良好愿望而不可能实现。

5.1.2 国家法与民间法的区别

国家法与民间法从行为规范的意义上讲,可以作出必要的比较与分析,但不能作为一种分类形式来理解。把国家法与民间法等同或者当做不同的法律的分类来看,在本书中民间法是作为一个分析性概念来使用的,因此,"国家法较具文明属性,而民间法则较具文化属性"①。它们之间存在很多差别,主要表现为:

第一,产生不同。国家法作为人类文明发展进步的标志,是人类社会发展到特定阶段以后,在私有制的基础上,随着阶级和国家的出现而产生的,所以,国家法不仅具有阶级性而且具有国家意志性,是阶级专政的工具。马克思指出:"如果一种生产方式持续一个时期,那末,它就会作为习惯和传统固定下来,最后被作为明文的法律加以神圣化。""社会上占统治地位的那部分人的利益,总是要把现状作为法律加以神圣化,并且要把习惯和

---

① 尹伊君:《文明进程中的法治与现代化》,《法学研究》,1999年第6期,第16页。

传统对现状造成的各种限制，用法律固定下来。"① 民间法则是人们在日常的生产生活的实践中日积月累形成的，是人们为了提高生产效力和维护自身的生存，在与自然界作斗争的过程中逐步总结和探索出来的行为规则。从这个意义上讲，规则产生于人自身发展的需要，是人类为了维护自身的存在和发展的需要孕育和产生了规则，无论是国家法还是民间法都不能例外。只是产生的阶段和发生作用的范围不同。

第二，实施不同。国家法的实施主要依靠国家强制力作为后盾，有庞大的司法机构和人员，专门负责国家法的实施，其次才是依靠人们的自觉遵守和模范执行。也就是说国家法的权威性和严肃性主要是依靠外在力量来维持和加以强化的，其本身并不可能产生权威性，国家强制力不仅保障了国家法的正确实施，而且也塑造和建构了国家法的崇高地位和神圣使命。民间法的实施主要依靠人们的自觉遵守和群体的力量，尽管也具有一定的强制性，但这种强制力远远不及国家强制力那么强大和系统化，但实际的处罚效果并不一定比国家法弱，因为民间法的实施往往更加具有针对性，使人们遭受到的不仅是经济或者人身的损失，更多的是丧失了在当地生存的面子和人缘机制，受到众人的谴责和排斥，使其永远抬不起头来，这种处罚的后果往往比蹲几年监狱还要严重。因此，人们畏惧和自觉遵守的程度更加深厚，长此以往，便积淀为一种文化并内化为人们内心的自觉意识和信念。在祖祖辈辈的生息繁衍中，民间法通过人们的日常生产生活的习染和熏陶，得以代代相传并逐步发展和变迁，并不需要加以大力宣传和教育，而国家法在强制力保障实施的同时，还必须大力开展宣传教育活动，否则很难深入人心，更难以让人们自觉遵守。

第三，处罚方式不同。在处罚方式上，国家法与民间法的区

---

① 《马克思恩格斯全集》第 25 卷，第 894 页。

别主要在于,民间法的处罚方式中有许多带有迷信色彩和落后的、愚昧的处罚种类,不仅使民间法戴上了神秘的面纱,而且也使民间法与现代文明的发展不相适应,应当对其加以改造甚至抛弃。比如神判罚(捞油锅、捞开水、拔石桩等),纯粹是一种迷信的主观推测;又比如洗寨子①的处罚方式随意扩大了当事人的财产损失,甚至侵害了当事人的合法权益。从权利均衡和权利相对的角度出发,保护一种权利自然损害另一种权利,只是在二者之间如何做到均衡,国家法明显更加具有均衡性,它更多的考虑了权利的相互性,既要保护受到损失的受害人的利益,又要制裁侵害人的权利和维护公共利益,但在民间法的处罚中,更多的是考虑如何制裁侵害人,权利很难均衡。

第四,效力不同。国家法具有一般性和普适性,对一国之内的人都具有普遍的约束力②,行政法规、地方性法规等规范性文件都不得与宪法和法律相抵触,否则无效。我国作为统一的多民族国家,只有一个法律体系,但民族自治地方的自治机关可以制定自治条例,对国家法作出变通和补充规定,但民间法不能看做是国家法的法律体系的组成部分,也不能看做是对国家法的变通

---

① 洗寨子主要流行于少数民族村寨,是指由违反了寨规的人杀猪、宰羊、做饭、设宴邀请全寨人吃饭,作为对自身行为的处罚。这种处罚方式看似很简单,实际上很多当地人认为处罚比较重。作为比较贫穷的村寨,养一头猪可能就是一年的收入,而全寨的人可能一顿饭就吃去了他(她)一年的口粮,严重威胁其本人及其家人的生活。我的一名学生曾经向我咨询过,在他们的佤族村寨,有一个男人和一个女人通奸,被人发现后被处以"洗寨子"。他提的问题是:"这种处罚是不是太重了?"从法律上讲,通奸不是犯罪,只是违法行为,在国家法领域内不会受到任何处罚,只会受到道德的谴责,甚至在现代文明社会中,人们似乎不会给予太多的关注,但在传统的少数民族村寨中,民间法却给予了很严厉的处罚。

② 在香港、澳门回归以后,我国出现了"三法四域"的现象,可以说是一个例外,或者说是对单一制国家法律体系的丰富和发展,但从一般意义上理解,国家法仍然具有普适性和一般性。

和补充规定。民间法是一种自生于民间的规范体系，只在本地区甚至本村寨发挥效力的规范体系，不同地区存在不同的民间法，一国之内存在多种民间法规范，甚至对相同的事件在不同民族或者不同人群的民间法中规定是完全不一样的。比如：在藏族中只禁止同骨系的人之间通婚和发生性关系，但允许没有血缘关系的亲属之间发生性关系。[①] 而在其他许多民族中连同姓通婚都是被禁止的。在汉族中一般不主张"入赘"婚姻，而在白族中"入赘"婚姻则是受到鼓励和提倡的。[②]

第五，内容不同。国家法由于适用范围比较宽广，内容不仅涉及一般的民商事法律关系，诸如婚姻、家庭、买卖、合同等，而且也涉及国家制度、社会制度、经济制度，甚至国际法律关系等内容，基本上囊括了社会生活的方方面面。民间法由于自身效力的地域性和局限性，往往只在特定地区对特定的人群有效，其内容也具有很强的生活性，往往只涉及婚姻、家庭、土地、人情往来、婚丧嫁娶、节日喜庆等私法领域，即使涉及公共事务也只是当地的公共事务，而不可能涉及国家和社会等公法领域。国家法代表着国家权力，是国家权力的有机组成部分，民间法只是人们实现社会自治的手段，尽管民间法也维护和调整着一定区域的公共秩序和利益，但其并不代表任何公共的权力，充其量代表着一定群体的人们的共同意志和要求。

第六，发展不同。国家法作为文明社会的产物，必将随着社会的发展和国家的消亡而消亡，社会发展越迅速，国家法发展变革的速度也就越迅速。民间法作为人类社会的一种文化现象，与人类社会的发展相始终，随着人类社会的发展变迁而逐步改造和

[①] 参见马戎《民族与社会发展》，北京：民族出版社，2001年版，第270页。

[②] 参见毕坚编著《云南少数民族婚俗录》，成都：天地出版社，1998年版，第38页。

重构，最终适应社会的发展和人们的需要。由于文化的惯性和人们思想观念的超前性之间往往发生背离，反映在国家法上体现出人们思想的超前性，法律有时与时代发展同步甚至超前，有时滞后于时代的发展，而民间法的内容始终滞后于时代的发展，成为文化发展变迁的缩影。"如果我们对近一百年来法律的移植及其制度变迁稍作梳理，就会发现，在国家法，整个法律制度与法律观念已经历过若干次重大变革，而于民间法，其发展和变迁则极为缓慢。"① 卢梭曾预言："这种法律既不是铭刻在大理石上，也不是铭刻在铜表上，而是铭刻在公民的内心里；它形成了国家的真正宪法；它每天都在获得新的力量；当其他法律衰老或消亡的时候，它可以复活那些法律或代替那些法律，它可以保持一个民族的创制精神，而且可以不知不觉地以习惯的力量代替权威的力量。我说的就是风尚、习俗，而尤其是舆论；这个方面是我们的政论家所不认识的，但是其他一切方面的成功全都有系于此。"② "只有考虑到将来的共产主义社会时代才能懂得这个提法：到那时法将会消亡，将只剩下社会主义集体的生活规则来指导人们的行为。"③

5.2 国家法与民间法的冲突

社会生活本身是复杂多样的，没有一个完全相同的单一社会存在，社会的多元化存在决定了多元规范存在的可能性。国家法

---

① 尹伊君：《文明进程中的法治与现代化》，《法学研究》，1999年第6期，第16页。
② 卢梭著，何兆武译：《社会契约论》，北京：商务印书馆，1997年版，第73页。
③ 勒内·达维德：《当代主要法律体系》，上海：上海译文出版社，1984年版，第261页。

与民间法作为两种规范体系存在于社会之中,在运行过程中发生摩擦和冲突就成为不可避免的基本事实。"即使在当代最发达的国家,国家法也不是唯一的法律,在所谓的正式的法律之外还存在大量的非正式法律"[①]。吉尔兹认为法律是地方性知识而非无地方界限的原则,他说,"我本人宁愿在'法律多元'的名义下进行讨论,这主要是因为它似乎至少符合多样化的事实本身,而不是相反,……"[②]。因此,国家法与民间法的对立与冲突不仅是可能的,而且是一个基本的事实。

5.2.1 民间法的内容直接违背国家法

民间法由于产生于特定的生活空间,受到物质生活条件和文化水平的限制,其内容中还有大量的男尊女卑,夫权至上,歧视妇女,允许早婚、偷婚、抢婚、一夫多妻等做法,甚至一些陈规陋习、封建迷信色彩浓郁的落后观念和思想也大量存在于民间法之中。民间法作为一种文化现象,反映着社会发展的层次和水平,是普通群众的观念和意识的反映,带有明显的群众性和地方特色;而国家法作为文明进步的标志,代表着先进文化的发展趋势,是精神理性和追求的反映,带有明显的精英性和城市色彩。二者并不处在同一个水平和层次上,其相互矛盾和对立是必然的。

为了更好地分析和说明民间法的内容直接违背国家法的规定,我们借助一些个案来加以说明:

个案一:

上尧乡绣厢村一组村民梁来娇和3个子女,因为该

---

① 梁治平:《清代习惯法:社会与国家》,北京:中国政法大学出版社,1996年版,第32页。

② 吉尔兹:《地方性知识》(*Local Knowledge*. Basic Books, 1983),参见梁治平编《法律的文化解释》,北京:生活·读书·新知三联书店,1994年版,第132页。

村一组按照"村规"拒绝分配给他们一家国家征地的青苗补偿费5 800元人民币,将该村一组告上法庭。经查明:原告一家属该村一组合法村民,有户口簿、身份证、土地承包证作为证据;因建设环城公路,依法征用该村的生产用地,原告家的一块菜地被征用;但在政府将征地的青苗补偿费拨到该村一组后,被告根据村规民约的规定,认为原告属于迁入户,是外姓人,不符合分配条件。原告诉称自己与其他村民完全一样,承包地被依法征用,理应和其他村民一样分得青苗补偿费;被告辩称,按照村里的传统习惯和村规民约的规定,梁家不符合村里的福利分配条件,法院无权干涉村里的内部事务。人民法院最终判决支持了原告的请求。①

个案二:

被告人拉白于1981年9月29日将本村少女才让太(14岁)强奸。同德县人民法院审理后判处被告拘役6个月。宣判后,同德县人民检察院以"量刑畸轻"为由提出抗诉。青海省海南藏族自治州中级人民法院改判被告有期徒刑3年。被告被判刑后,当地群众反映说:"把拉白判刑,太冤枉了,如果抓个丫头耍一耍,都判刑,在草滩上这样的事太多了。""这个女的(才让太)是个妖魔"云云。不少人不但不同情被害人,反而使

---

① 田成有:《法律社会学的学理与运用》,北京:中国检察出版社,2002年版,第116页。类似的案件有增多的趋势,因为不少地方的村规民约中都规定了诸如"入赘"女婿、出嫁但回原村寨居住的女儿或者离婚后又外嫁其他村寨的妇女(但原土地承包关系还存在)等不得参与本村的福利分配,甚至不能参与土地承包等。

第5章 农村社会中国家法与民间法的互动

她抬不起头来,很难嫁人。①

显然,民间法作为内化于村民内心中的规范性知识体系,其存在不仅是牢固的,而且也有一定的市场和空间。在个案一中,原告拿起了国家法律作为维护自身合法权益的武器,而被告却也理直气壮地拿起村规民约作为挡箭牌,甚至在当地还能得到大多数人的支持。按照权利相互性和均衡原则,保护了原告的利益,必然会导致该村一组其他村民利益的减少或损失,其他村民站在自己利益的立场上支持被告就是显而易见的事情。尽管国家法最终战胜了民间法,给原告赢得了说法和公平,但在当地的社会生活圈子中,原告未必就赢得了胜利,甚至得不偿失。从个案二中,就明显反映出这个问题,被告犯了强奸罪,严格法条主义者都会认为一审和二审的判决结果都偏轻,② 但是群众都认为被告太冤枉,还谴责被害人,使她很难嫁人。原因就在于在当地习俗中这种事是常有的,并不稀奇,传统习俗在人们内心中是根深蒂固的,反而对国家法感到稀奇和不解。当然我们也可以大胆推测,群众喊冤一方面是由于历史传统使然,另一方面是否是当中很多人曾经有过这种行为呢?我们没有必要证明这种假设是否成立,但可以肯定国家法与民间法在对待同一件事情上会发生明显的冲突,这种冲突不仅明显而且大量存在。

---

① 梁治平:《乡土社会中的法律与秩序》,载王铭铭、王斯福主编《乡土社会的秩序、公正与权威》,北京:中国政法大学出版社,1997年版,第439页。

② 《刑法》第二百三十六条规定:"以暴力、胁迫或者其他手段强奸妇女的,处三年以上十年以下有期徒刑","奸淫不满十四周岁的幼女的,以强奸论,从重处罚"。"情节严重者,可以判处十年以上有期徒刑、无期徒刑或者死刑。"2003年1月17日,最高人民法院发布了《关于行为人不明知是不满十四周岁的幼女,双方自愿发生性关系是否构成强奸罪问题的批复》,规定"行为人确实不知对方是不满十四周岁的幼女,双方自愿发生性关系,未造成严重后果,情节显著轻微的,不认为是犯罪"。

事实上，民间法中关于"神判"的处罚规定，甚至处死等严重侵害人身权利的处罚方式，不仅是落后的而且也是违法的。还有歧视妇女、男尊女卑、妇女无继承权、任意拉猪宰羊或者随意拿走侵害人家的财物（甚至采用暴力）、一夫多妻等内容都是与国家法的精神和内容相违背的。我们在肯定民间法的积极作用的同时，也必须清醒地看到民间法既有好的东西，也有糟粕，正如法也有"善法"和"恶法"之分一样，必须坚持批判性地对待民间法，去其糟粕、取其精华，发扬积极和进步的一面，摒弃消极的一面。

5.2.2 民间法规避国家法

在实践中，由于法律多元的存在使人们在面对法律纠纷（事件）的时候存在多种选择的可能性，尤其在农村地区，人们更倾向于选择双方自愿遵循的规则，选择可能获得更为有利的结果的规则。换言之，人们在面对法律问题和处理纠纷时，并非是完全非理性的，而是在权衡利弊的基础上，选择成本最小化而收益最大化的规则，是一种经验认知和实践理性。在面对国家法与民间法的双重选择时，人们往往采取"私了"的方式，以民间法来规避国家法的实施。"农民规避国家制定法而偏好私了并不必定是一种不懂法的表现，而是利用民间法和国家法的冲突所作出的一种理性选择；法律规避也并不意味着国家制定法不起作用，相反是国家制定法对社会发挥作用的一种特殊形式……"[①]

个案三：

一男青年甲（20岁）与女青年乙（16岁）共同在一大城市打工。一天夜里，甲摸到乙的住处，用匕首威

---

① 苏力：《法治及其本土资源》，北京：中国政法大学出版社，1996年版，第59页。

胁并奸污了乙。事后，乙拨打了110报警，警察很快抓到了甲，并到医院对乙作了检查。男方对案件事实供认不讳，证据确凿。但第二天，甲的父母和乙的父母赶到城里，并私下达成私了协议：甲娶乙，而乙应翻供，说是自己愿意的，只是过后才反悔的，同时甲家赔偿乙家损失费10 000元。并且申明此事不能声张，否则大家脸面都不好看。

个案四：

某甲酒后超速行驶，撞上一辆三轮车，致使蹬三轮车的民工乙重伤，正坐在三轮车上的丙（系乙之女友，16岁）被撞飞到路边的花台上，该花台有钢筋护栏，丙的头部恰好撞在护栏上，致头骨破裂，经抢救无效死亡。事故发生后，甲积极将伤者送往医院，并支付了所有医疗费。后甲与丙的父母和乙协商，甲赔偿丙的父母损失费、安葬费、误工费等20 000元；赔偿乙损失费5 000元；乙和丙的父母不再报警和起诉，此事就此了结。

私了作为规避国家法的一种方式，最常见的就是"刑事案件民事化"、"大事化小"、"小事化了"，人们是在权衡利弊、均衡成本与效益的基础上作出的理性选择，受害人对违法犯罪者是否受到刑事惩罚的关心程度要远远低于自己受到赔偿的程度，甚至"国家依法对犯罪的处罚，无论是从重还是从轻，均不能令当事人感到满意"[①]。在个案三和个案四中，对于受害人而言都可以提起刑事附带民事诉讼，要求侵权人赔偿相应的损失，但在实践中，如果在对侵害人处以刑罚的时候，被告没有财产或者没

---

① 梁治平：《乡土社会中的法律与秩序》，载王铭铭、王斯福主编《乡土社会的秩序、公正与权威》，北京：中国政法大学出版社，1997年版，第441页。

有可供执行的财产，其坐多少年牢对于受害人来讲都是于事无补的，加之诉讼程序的时间、精力、经济等的成本和司法腐败等风险，对于已经遭受损失的受害人而言选择私了已经是最佳的途径；而对于侵害人而言失去人身自由就等于失去了自由生存和获取其他利益的机会，而这个机会的成本要远远大于私了的成本，因此私了对他来讲也是最佳的选择。

国家法维护了整个社会的正义和公平，但对于个体而言又未必一定是公平的。换句话讲，国家法和民间法或者当事人关注的对象是不一样的。当事人和民间法更多地关注当前的利益和微观上的公平与均衡，而国家法不仅要考虑整个社会的公平和宏观上的正义，还要考虑对未来的影响。"法律所关注的并不是过去发生的事情（what happened），而是现在发生的事情或会发生的事情（what happens）；如果法律因时因地因民族而有不同，那么它所关注的对象也会不尽相同。"① 苏力先生甚至说："法律规避在中国法制建设中实际起到了制度创新作用。"②

总之，民间法对国家法的规避在一定程度上揭示和弥补了国家法的不足，但也不能太过于强调民间法的规避作用，在民商事等私法领域内"私了"，只要不损害国家、集体和他人的利益，以及不违背公序良俗的原则，是被法律所允许的，和解甚至调解的结果都会受到尊重。但是在宪法、刑法、行政法等公法领域，以"私了"规避国家法，使刑事案件民事化，在一定程度上起到了维护稳定、调节秩序、化解矛盾的作用，但却违背了社会的整体公平和正义，过多地强调了物质的补偿性，补偿了少数人的

---

① 吉尔兹：《地方性知识》（*Local Knowledge.* BasicBooks，1983），参见梁治平编《法律的文化解释》，北京：生活·读书·新知三联书店，1994年版，第81页。

② 苏力：《法治及其本土资源》，北京：中国政法大学出版社，1996年版，第60页。

损失，维护了少数人的正义，而忽视了大多数人的正义，使大多数人的利益处于更加不稳定的危险状态。

5.2.3 民间法阻挠国家法

民间法由于有着深厚的文化渊源和历史传统，在社会生活中不仅具有顽强的生命力，在处理民事纠纷案件中发挥着极为重要的作用，而且也有向国家法渗透和蔓延的趋势，甚至阻挠国家法的实施。民间法向刑事等公法领域的扩张，是一个关系到国家法的权威性和存在的合法性根基的问题，涉及法律主权的根本性问题。这时国家法与民间法在特定的案件和当事人身上发生直接的冲突和博弈，往往使当事人受到国家法和民间法的双重处罚。

个案五：

  才夫旦（男，16岁）在牧民尕毛吉（女，16岁）的"帐篷"（原文为"帐房"）内吃了包子后，欲同尕毛吉发生性关系，遭其拒绝。事后，尕毛吉将此事告诉其他牧民，致才夫旦被人嘲笑，才夫旦因此心怀不满，意欲报复。一天，才夫旦放牧时与尕毛吉相遇，尕毛吉向才夫旦喊"吃包子"，后者觉得被嘲弄，便向尕毛吉追去。两人发生厮打。其间，才夫旦用石块猛砸尕毛吉面部、头部和胸部等处，致其当场死亡。才夫旦被依法逮捕后，被害人的父亲、亲属和部落群众20余人，联名写信给有关部门，要求释放才夫旦，并按当地习惯以赔命价方式处理此案。信中说："认识到部落和睦平安的需要，被害人家的愿望以及部落内众人的心愿，郑重申明，请求宽大处理、释放才夫旦"；"经长辈及亲友的开导，认识到今天及后代人之间需要和睦团结，友爱安定……，请求释放才夫旦还家。"同时，经村里老人调解，才夫旦家赔偿被害人家牛39头、马3匹。海南藏族自治州中级人民法院以故意杀人罪从轻判处才夫旦有期徒刑 10 年。判决执行后，检察院在调查中了解到，被害人亲属以及当地牧民和基层干部普遍认为，按照风俗习惯处理，赔偿了命价，就消除了矛盾，今后不会世代结怨（原文为"结冤"），因此仍要求释放才夫旦。①

个案六：

闹者（男，26 岁）被派遣看守草山，一天闹者与牧民才秀因牲畜吃草发生争执。其间，才秀用木棒击打闹者头部，闹者则以刀刺中才秀左肩及左胸，致其伤重死亡。案发后，闹者投案自首，经人民法院审理（再审），以故意伤害（致人死亡）罪判处闹者有期徒刑 3 年。后闹者获假释出狱。被害人亲属（3 人）闻讯后携刀前往县城，见到闹者即持刀追杀，致闹者逃回公安局看守所，不敢出门。次日，闹者母亲拿出现金 100 元到被害人家求情，后来又请宗教人士和原部落头人的后裔出面调解，并赔偿命价 6 000 元，被害人亲属方才罢休。②

这两个个案发生较早（发生在 20 世纪 80 年代初期），作者在写作时对文字略有删节，但保留了原文的基本内容。尽管时间已经推移了很多年，我国的法治建设已经取得了很大的进步，但其典型性和代表性仍然存在，尤其是人们在面对国家法与民间法的背离和博弈的时候，人们仍然感到困惑和迷茫。于是出现了

---

① 梁治平：《乡土社会中的法律与秩序》，载王铭铭、王斯福主编《乡土社会的秩序、公正与权威》，北京：中国政法大学出版社，1997 年版，第 440 页。

② 梁治平：《乡土社会中的法律与秩序》，载王铭铭、王斯福主编《乡土社会的秩序、公正与权威》，北京：中国政法大学出版社，1997 年版，第 440 页。

"判归判,赔归赔,国家的制裁与民间的赔偿并行不悖",甚至"只有以同样的方式处理同样的案件,才能取得良好的社会效果"①。因此,国家法在实施的过程中,不仅要考虑法律自身的理性和公平正义,而且也要考虑"民意"、"社会效果"、"法律的实际效力"等问题。在一定程度上,国家法表现出对民间法的妥协和放任,而民间法积极阻挠和篡改国家法,至少使国家法的效力弱化和退让。

在这两个个案中,前者属于故意杀人,属于重罪,但在当地群众,甚至受害人家属和基层干部的观念和思维中,都可以用"赔命价"的方式来处理,以至于代替国家法的刑事处罚,人们认为"赔偿了、矛盾消除了、不会世代结冤",刑事处罚也就没必要了。而在个案六中侵害人即使已经承担了刑事责任,但亲属还是要求"赔命价",否则事情就算没完,并不惜持刀追杀,如果不赔偿命价,可能就会发生另一桩命案,甚至世代冤仇。其实,受害人亲属关心的只是补偿问题,这是合情合理,也合法的,如果说侵害人受到刑事处罚是罪有应得,那么受害人及其亲属获得赔偿也是天经地义的,但是如果以赔偿代替刑事处罚,或者只要赔偿而取消刑事处罚,甚至为了赔偿不惜作出新的犯罪行为,就是对国家法的蔑视和践踏,是将"刑事案件民事化"的一种变相违法行为。

5.3 国家法和民间法的互动

在中国社会中,"国家法基本上属于舶来品,是国家经过缜密思考之后强加给社会的行为规则,它缺乏坚实的社会基础和我

---

① 王勇:《国家法和民间法的现实互动与历史变迁——中国西部司法个案的透视》,《西北师大学报》(社科版),2002年第4期,第117页。

国固有法律文化的支撑,还远没有内化为人们的价值观和内心需要,不可能完全替代民间法对人民群众日常社会生活进行调控、规制"。而"民间法作为一种传承、积淀和整合了数千年法律文明的规范形式,它代表和满足了一定区域、一定社会关系网络中成员的需要,有它特定的生存空间"①。民间法作为一种法律文化形态,无论其落后还是先进,都有其存在的合理性和必然性,如果坚持国家法的权威性和统一性,而轻视或者根本上忽视甚至否定民间法的作用,在实践中排挤、压制和消灭民间法,就会导致社会控制机制的失衡,相反达不到国家法的预期目的和所需的效果。因此,坚持国家法与民间法的妥协与退让,实现二者的良性互动与对接,是我国法治建设中的一大任务和突破口。

国家法与民间法的对立与冲突、融合与互动之间,实质上是同一个问题的两个方面,它们在对立中相互融合、在冲突中达到互动,其对立冲突的过程,实质上就是融合、互动的过程,在冲突中潜移默化地实现了互动,二者实际上是一个辩证的统一体,透过外在的冲突,我们不难发现其互动的轨迹。

5.3.1 民间法吸收和借鉴国家法

改革开放以来,党在总结了新中国成立以来正反两个方面的经验的基础上,将党的工作中心转移到经济建设上来。随着经济体制改革的不断深入,政治体制改革、民主法制建设和精神文明建设都取得了巨大成绩。整个社会正在发生深刻的变化,人们的生活方式、思想观念、文化水平、价值取向和整体素质都得到了很大的变化,处在由传统向现代过渡的时期,法治观念、法律意识、法治社会、和谐社会正逐步深入人心,尤其是科学发展观提

---

① 陈敬刚:《国家法与民间法二元建构及其互动之思考》,《河北法学》,2000年第4期,第17页。

出以后，以人为本的观念逐步深入人心。民间法作为社会生活的真实反映和在规范领域的体现，其本身也处于不断变迁和发展的进程之中，民间法随着社会生活的发展也正在经历与时俱进的变化，反映在民间法的内容上主要体现为：民间法逐步与国家法接轨，民间法的内容日益吸收和借鉴国家法的内容，二者有融合的趋势。比如：勐海县帮约村自1980至1985年间，共有11个哈尼族男性重婚，于是结合《婚姻法》的宣传教育，制定了"不准讨小老婆"的村规民约，"违者要给予罚款的处分，还要交政府法办"。之后，该村再未发生过重婚的情况。曼贺勐村针对青年男女结婚不办理结婚登记的情况，制定了"结婚不到婚姻登记机关办理登记手续的，男女各罚款25元"的村规民约。之后，很快就有八对青年男女办理了结婚登记手续。①

也有学者对同一地点的不同时期的村规民约进行比较研究，发现"体现伦理道德观念的村规民约在实践中逐渐向现行法律靠近，村规民约中体现出的法制观念逐渐加强"。比如：在1995年《桃家嘴村六社村规民约》中有"养狗户要管好自己的狗，若要养者，要实行关养，不准放养。违者，若发生咬伤人，养狗户不仅要负责医疗费、营养费、误工费，还要酌情处理"的规定；2001年《村规民约》则改为："村民饲养的动物、家禽对他人造成损害的，动物饲养人或管理人负经济责任，没有或者限制行为能力的人，给他人造成损害的，监护人应负经济责任。"②可见，修改后的村规民约已经和民法通则的规定十分接近，明显地借鉴和吸收了国家法的精神和基本内容。

---

① 张锡盛：《婚姻家庭习惯法与婚姻法》，载杜玉亭主编《传统与发展——云南少数民族现代化研究之二》，北京：中国社会科学出版社，1990年版，第487页。

② 方慧：《少数民族传统美德与民族地区民主法制建设》，《云南社会科学》，2002年第6期，第58页。

诚然，国家法和民间法都不是孤立存在的，都受到社会生活发展变化的影响，受到一定的物质生活条件的制约和限制，国家法要随着社会生活的发展而不断调整和修改，民间法也要随着社会的进步而作出适当的调整，从而实现自身的发展变迁。民间法发展变迁的历程，也是人类文明进步的历程，而这个过程在文明社会中也是逐步与国家法接轨的过程。

5.3.2 国家法迁就和放任民间法

国家法作为一种稳定性和技术性很强的规范体系，尽管内容庞杂多样，涉及社会生活的方方面面，但毕竟不可能做到事无巨细，对任何一件事情都规定得清清楚楚。国家法自身的局限性和缺陷给民间法留出了存在和发展的空间，而民间法也在一定程度上弥补了国家法的不足。因此，国家法适当迁就和放任民间法的存在不仅是有意义的，而且具有制度创新的意义。"在国家制定法和民间法发生冲突时，不能公式化地强调以国家制定法来同化民间法，而是应当寻求国家制定法和民间法的相互妥协和合作。"[1]

在个案五和个案六中，国家法在很大程度上充分考虑了风俗习惯、社情民意和社会舆论等因素，实际上也是对民间法的一种退让和容忍，而对"赔命价"的漠视和置之不理（至少在案件的处理上看不出来人民法院对此的态度），民间法照行不误也可以窥见一斑。事实上，在个案三和个案四中的"规避"现象在实践中是大量存在的，而且民间的长老（头人、宗教领袖）或者权威的调解和处理也是常见的。民间法在一定程度上维护了基层社会的稳定，起到了化解矛盾的作用，对于弥补国家法在基层

---

[1] 苏力：《法治及其本土资源》，北京：中国政法大学出版社，1996年版，第61页。

社会的松弛性具有积极的促进作用。国家法适当给民间法让出一定空间,不仅是有益的,而且也是客观和现实的。"我们必须承认,正式的法律并不因为它们通常被认为是进步的就必然地合理,反过来,乡民所拥有的规范性知识也并不因为它们是传统的就一定是落后的和不合理的。"[①]

进一步追问,我们不难发现,民间法不仅只存在于普通群众的观念和行为中,而且也存在于干部甚至执法人员和执法机关的行为中。个案五中基层干部的反映以及判决的结果完全可以说明这一点。"在国家法精神与地方习惯发生冲突而难以调和时,基层执法者为使裁决能够有效执行,有时会'巧妙'或'拙劣'地规避法律,这样既可防止某些严重违反国家法的行为再度发生,又可避免给民间良善风俗造成严重危害。"[②]

5.3.3 国家法和民间法各行其是

在农村社会中,人们的行为实际上受到国家法和民间法两种规范的双重规制,往往一个案件要经过两次处理,即一次是由国家司法机关依照国家法来处理,一次是由当事人按照当地的民间法来处理,否则案子没完,当事人不愿意放弃纠纷,矛盾也不会平息,甚至还会扩大,以至于演化为新的更大的违法犯罪行为或者矛盾。这种现象深刻地反映了农村社会中国家法的软弱和民间法的强大,也反映了人们内心对民间法的依赖。尽管可能对国家法的实施效力产生一定的消解,但并不一定就会影响国家法的权威,相反还可能会强化国家法的权威。对稳定农村社会秩序,维

---

① 梁治平:《乡土社会中的法律与秩序》,载王铭铭、王斯福主编《乡土社会的秩序、公正与权威》,北京:中国政法大学出版社,1997年版,第465页。

② 王勇:《国家法和民间法的现实互动与历史变迁——中国西部司法个案的透视》,《西北师大学报》(社科版),2002年第4期,第119页。

护和谐的社会关系有很强的推动作用。

个案七：

在富源县后所乡阿依诺村，村民熊某（女）与另一村民刘某（男）谈恋爱，2000年3月13日，熊某在刘某住处服毒自杀，经刘某送医院抢救无效死亡。后经派出所立案调查，确认熊某确系自杀。后由双方家属提出要求，派出所主持调解，调解书认定：刘某应当承担道德与民事方面的责任，并由刘家一次性补偿熊家27 060元；今后双方互不干预，如有一方主动发生冲突，一切后果自负。双方家属签字确认调解书的效力。①

在此案中，熊某的行为纯属个人行为（但自杀的起因不太明确），要求刘某本人赔偿在国家法上于法无据，要求刘某的家属赔偿就更是没有法理依据。无论是刑事还是民事案件，讲究的是行为和结果之间的因果关系，结果的发生与行为之间没有直接的因果关系，就不符合承担责任的条件。人们观念中的归责原则是建立在感情和道义的直观逻辑之上的，认为已经"闹出了人命"，相关的人员或组织就应当承担赔偿责任。从情理的角度这种逻辑并没有错，人总是有感情的，而一个生命的消失，也是值得同情的，给予必要的抚慰和关心，是人之常情，完全符合中国传统的伦理规范。从当事人的角度，其实女方的父母失去女儿，固然悲痛，我们相信悲痛和爱情一样，也是无价的。刘某失去爱人（如果他真的爱她），他的精神悲痛一样不会小，而他的父母看着他悲痛，自然也一样是悲痛的。所以这个事情本身是一个悲剧，对于生者都是痛苦，这可以让人们深思一个问题，金钱是

---

① 田成有：《法律社会学的学理与运用》，北京：中国检察出版社，2002年版，第117页。

否可以弥补悲痛。从现代法律的角度,这种金钱补偿不具有赔偿的性质,也没有直接的法律依据,而完全是一种抚慰性质的自愿行为。"在中国乡村,这类事情经常发生,因此引发的家庭或者家族之间的纷争往往酿成地方上严重的治安问题。事实上,这是一个古老的问题。在一般民众的意识中,人命至重,一旦有自杀情事,死者家人(夫家)或族人(娘家)即可以理直气壮地对相关人等兴师问罪(所谓"闹人命"),而不论这些人实际上有何过错。"① 严格说来,这种赔偿不具有赔偿性质,而完全是一种道义和情感上的举动,是一种抚慰性的措施。

类似的案件不仅在乡村出现,而且近年来在高校也时有发生,这充分说明其典型性和代表性。在这个时候死板地套用国家法,不仅很难起到预期的效果,而且会使事态扩大。从追求法治的精神来讲,法治必须强调人文关怀,国家法在很大程度上必须服从基本的道义和社会公德,也要考虑基本的"情理"和民众的认可度,否则国家法就成为僵死的教条和刻板的文字。这时,"正式法通过'软化'相关范畴和规则的严格性,使自己尽量不违背日常生活中的'情理',最终获得民众的认可和支持"②。此时,国家法和民间法不仅找到了沟通的渠道和平台,而且也具有对话的可能。国家法和民间法各行其是、相安无事。

---

① 梁治平:《乡土社会中的法律与秩序》,载王铭铭、王斯福主编《乡土社会的秩序、公正与权威》,北京:中国政法大学出版社,1997年版,第446页。

② 梁治平:《乡土社会中的法律与秩序》,载王铭铭、王斯福主编《乡土社会的秩序、公正与权威》,北京:中国政法大学出版社,1997年版,第447页。

5.3.4 国家法和民间法交错实施

近年来,法治的呼声日益高涨,法治的话语铺天盖地,大有吞没民间法的趋势。实际上,法治在当前的语境中已经被意识形态化,我们不能因为法治的推行和深入,就简单地认为国家法必将取代民间法,在社会生活的实践中,国家法和民间法不仅是交错行使的,而且也会长期共存,形成互相吸收、共同发展的良性局面,即使在最严格的国家法领域——司法活动中,也不难找到民间法的踪影和痕迹。

个案八:

> 某村一妇女 Q 的丈夫 M 常年在城里打工,在同村另一男子 W 的引诱下,Q 同 W 发生了历时一年多的两性关系(Q 称是先强奸后通奸)。M 知道后非常愤怒,声称自己"没脸在这个村子里活下去了"。M 多次打骂 W,并威胁 W 及其家人特别是其儿子的生命安全。村委会首先出面调解,W 表示愿意向 M 支付 7 000 元人民币作为"精神和名誉损害赔偿",但要求 M 保证,私了之后不再威胁自己和两个儿子的安全。M 拒绝了这一出价,继续纠缠和威胁 W。W 感到自己和孩子的人身安全都受到威胁,为寻求保护,将此事反映给村支书,村支书建议他向人民法院起诉,要求 M 停止对 W 的人身威胁和财产侵害。面对 W 的起诉,M 异常愤怒,并毫无根据地提出反诉,认为原告的行为对自己造成了"精神和名誉损失",要求人民法院判令原告赔偿自己人民币 10 000 元。人民法院进行了调解,一方面法院劝说 W 接受对他实行拘留的决定(实际被拘留 13 天);另一方面又用这种拘留作为交换条件,要求 M 让步。最终达成如下协议:(1) W "赔偿" M 精神和名誉损

失费（原文为损害费）8 000元；(2) M停止威胁、骚扰W及其家人，此后双方均不得挑起事端；(3) 本案诉讼费600元，W承担400元，M承担200元。①

在这个案件中，法官把国家法作为一个潜在的压迫手段，迫使双方接受调解，一方面迫使W承认自己的过错，劝说其接受拘留，W"自明其妙"（苏力语），这样将确保自己安全且自由，并且十分感谢支持调解的法官；另一方面以拘留W作为交换条件，迫使M作出让步，最终达成调解协议。尽管这个结果是当事人可以接受和认可的，并且人们也认为可以接受，但却存在不少漏洞。实际上，在人们的内心深处潜藏着民间法的逻辑，M的愤怒和举动是可以理解和谅解的，相反W的行为是不光彩和难以容忍的，正是这种观念和认识的支撑，才使法官作出如此大胆的调解和处理，原因在于人民法院作出拘留的决定属于诉讼强制措施，而本案中当事人不符合违反或者扰乱诉讼活动的情形，法院对W的拘留不仅于法无据而且也是荒唐的，相反M的行为尽管事出有因但却是违法的，而赔偿"精神和名誉损失"也是于法无据的。

显然，法官借助国家法的力量，迫使当事人屈从于调解，但结果却完全背离了国家法。"严格依法办事，只是法官在获取他们以及其他案件当事人都能认可且接受的司法处理结果的一个'侃价'的筹码。""法律在这里不是用做处理问题的依据，而是用来迫使M接受协议的一个因素。"②

个案七和个案八都反映出国家执法机关在面对具体的个案时，往往是国家法和民间法交替使用，甚至不惜用国家法迫使当

---

① 苏力：《送法下乡——中国基层司法制度研究》，北京：中国政法大学出版社，2000年版，第243、244页。
② 苏力：《送法下乡——中国基层司法制度研究》，北京：中国政法大学出版社，2000年版，第245、246页。

事人屈服,从而达到民间法的预期。在中国社会处于转型时期的今天,国家法适当让位给民间法,有利于社会的稳定和纠纷的处理,对于缓解社会矛盾、消除冲突具有积极的作用,但从长远上看,则不宜提倡,否则必将破坏国家法的威严和统一。

综上所述,国家法和民间法作为两种不同的规范体系,在我国社会的发展变迁中起着不同的积极作用,在推进法治的进程中,不能强调国家法而排斥和完全抛弃民间法,也不能因为民间法是存在的而放任其发展和扩张。在促进国家法和民间法的良性互动与对接的过程中,既要看到二者在变迁中相互融合与冲突的一面,又要坚持国家法的主导地位,维护和保持国家法的权威性和统一性。国家法始终是建构社会主义法治国家的基础,是推进社会发展、维持社会秩序和促进社会稳定的主要力量,如果忽视了这一点,不仅国家法和民间法的互动与对接难以实现,而且也会脱离建设社会主义法治国家的目标。

因此,我们还应当看到,"近代意义上的法律制度在下乡的过程中由于稚嫩而终究难免被乡土社会习俗上的知识传统重新解读(阐释),并在被解读(阐释)的过程中不得不去回应后者而使其本身逐渐向乡间的社会记忆同质化"。"乡土社会的地方性知识对国家灌输的法治知识重新阐释的过程,不仅是一个乡土社会的地方性知识扩充(量的意义上)与更新(质的意义上)的过程,更是一个乡土社会的地方性知识回应国家灌输的法治知识形成新的社会规则的过程。"[①]

---

① 尤陈俊:《法治的困惑:从两个社会文本开始的解读》,《法学》,2002年第5期,第8、12页。

第6章 农村社会法治化的解读

如果法律不能被执行，那就等于没有法律。

——［英］洛克

在我国社会的法治化发展过程中，农村社会无疑是一个战略重点和难点，如何实现农村社会的法治化，直接关系到依法治国，建设社会主义法治国家的战略目标的实现，关系到我国整个社会法治文明的程度。"中国未来的经济发展和政治发展在很大程度上取决于农村的发展"①，"任何变革离开乡村的变革都是不可能的"。② 在国家法律日益普及的今天，在我国农村社会中是否还存在其他的规范体系，国家的正统规范与农村社会中土生土长的非正式规范之间是如何协调，相互发生作用，甚至相互矛盾、相互冲突，以及相互之间如何实现良性互动，已引起了理论界的关注和研究。人们认为在"国家法"之外还存在"民间法"，也有的学者称之为习惯，有的学者称之为"习惯法"。我

---

① 王沪宁著：《当代中国村落家族文化——对中国社会现代化的一项探索》，上海：上海人民出版社，1991年版，第7页。

② 王沪宁著：《当代中国村落家族文化——对中国社会现代化的一项探索》，上海：上海人民出版社，1991年版，第51页。

们细心审视控制农村社会秩序的规范，不难发现在国家法之外，还存在"风俗"、"习惯"和"道德"等规范，而且这些规范和法律相互融合，甚至有时还会战胜法律，成为农村社会中调节社会关系的最有效手段。越是边远贫困的农村，这种现象也就越突出。换言之，越是边远贫困的农村，国家法的效力和影响就越弱，人们对国家法的了解就越少，国家的权力和地位在人们的心目中就越弱；相反，农村社会的风俗、习惯、礼仪、道德等非正式规范的力量就越强大，对人们的影响和控制也就越强大。在一定程度上，是农村社会的非正式规范维持和控制了农村社会的秩序和稳定，而不是国家法律。"事实上，国家法在任何社会里都不是唯一的和全部的法律，无论其作用多么重要，它们只能是整个法律秩序的一个部分，在国家法之外、之下，还有各种各样其他类型的法律，它们不但填补国家法遗留的空隙，甚至构成国家法的基础"①。这就给我们提出了这样一个问题：在农村社会法治化进程中，如何认识和处理情理、法理、风俗、习惯之间的关系，是单一推崇法理而摒弃其他三者，还是兼容并蓄互相融合以达到以法律为主导的多元型社会治理机制。

6.1 农村社会法治化进程中国家法的困境

依法治国，建设社会主义法治国家已成为党的治国方略和广大人民群众追求的理想治国模式。我国传统上是一个农业大国，与此相连的农村和农民构成了我国疆域和人口的主体，"中华民族是在传统的精耕细作农业基础上孕育发展起来的以农民为主体

---

① 梁治平：《清代习惯法：社会与国家》，北京：中国政法大学出版社，1996年版，第35页。

的民族，而中华民族的八千年历史可以说始终是一部农民史"①。因此，农民和农村问题始终是中国革命和建设的根本问题，要实现社会主义现代化和建设社会主义法治国家的奋斗目标，没有农村的现代化和法治就不可能实现全国的现代化和法治，没有农民法治意识的提高，也不可能实现农村的现代化和法治。"……没有农业、农村、农民的现代化，便不可能有中国实际意义上的现代化。"② "不理解中国的农村和农民，就不可能从根本上理解中国社会、中国历史和中国本身。"③

研究农村社会的法治状况和农民的法治意识，不仅关系到农村社会民主政治建设和社会的稳定与发展，而且关系到实现社会主义现代化和建设社会主义法治国家的战略目标。维护农村社会的稳定和社会秩序，不仅是农村文明进步的客观需要，而且也是维护整个社会秩序的大局需要。邓小平同志曾明确指出："农村人口占我国人口的80%，农村不稳定，整个政治局势就不稳定。"江泽民同志进一步指出："没有农村的稳定，就没有全国的稳定。"

改革开放以来，我国经济建设迅速发展，人民生活水平得到了大幅度的提高，民主法制建设取得了巨大的成就。1999年《〈宪法〉修正案》明确写入了"依法治国，建设社会主义法治国家"，标志着我国社会发展已步入了建设法治社会的新时期，我国的法治建设正向规范化、科学化、制度化和民主化迈进。"法治社会"和"法治时代"正成为人们追求和向往的理想社会

---

① 孙达人：《中国农民变迁论》，北京：中央编译出版社，1996年版，第4页。

② 农业部农村经济研究中心、当代农业史研究室编：《当代中国农业变革与发展研究》，北京：中国农业出版社，1998年版，第212页。

③ 农业部农村经济研究中心、当代农业史研究室编：《当代中国农业变革与发展研究》，北京：中国农业出版社，1998年版，第233页。

模式。随着民主法制建设的大力推进,法治建设取得了巨大的成绩,但在我国农村社会中,社会秩序的维持和农民相互之间社会关系的调整,并不当然依赖于法律,法律的作用和效力还得不到足够的重视,法律的权威性和有效性还受到人们的种种质疑,人们对法律的态度观望大于实践,除非万不得已,人们是不愿意涉足诉讼和法律问题的,人们不仅认为涉及诉讼是不光彩的事,而且也无更多的法律知识和法律技能,更谈不上熟练运用法律维护自身的合法权益。

在乡土社会中,人们不仅缺乏实体法律知识,更缺乏程序法律知识,尤其是法律技能知识更为欠缺。人们知道自身的权利,有维护自身合法权益的意识,但如何实现其权利,不仅缺乏知识技能上的保障,而且也缺乏经济上的保障。尽管国家法律的规定从形式上看已基本完备,但要将成文的法律变成实际的运用,不仅需要制度上的保障,而且还需要物质上、观念上和精神上的保障。农民身处社会最底层,无论是金钱、人际关系等资源,还是知识和技能上的资源都非常有限。这在很大程度上决定了国家法在农村社会的脆弱性和效力的有限性,国家法作为一种神圣不可侵犯的理性而高高在上,它们不仅远离农民的生活,而且更远离农民的内心世界,成为农村社会中不为人们所熟知的格式化了的知识体系,更不可能发挥法律的真正意义上的作用。"既然中国基层社会、乡土社会中纠纷具有的特定的丰富性和多样性还没有标准化,那么,如果不是必须,那也是需要通过许多非规则的手段才能真正得到解决。"[①]

在一定程度上法律只是国家控制社会秩序和维持社会稳定的工具和手段,人们并没有形成一种自觉自愿地服从法律的意识,

---

① 苏力:《送法下乡——中国基层司法制度研究》,北京:中国政法大学出版社,2000年版,第192页。

更不可能完全形成崇尚法律的理性。人们对法律的服从往往带有被迫性，法律注重从外部控制人们的行为，却很难形成人们内在的信念。"对中国社会而言，一个沉重的传统包袱就是国家法或王法显得相对萎缩，或者说国家法没有得到充分的发育，没有走进人心，贴近社会，相反民众对国家法之外的所谓习惯、民俗、伦理、道德等更感兴趣，更有所偏好和青睐。"① 所以，农村社会秩序的建立和农民之间关系的调整原则上往往依赖于风俗、习惯和道德情感。这一方面是由于农村社会人际关系相对稳定、单一和封闭；另一方面是由于农村经济文化相对落后，农民之间的社会关系相对简单。

在实行家庭联产承包责任制和实行农村社会主义市场经济以后，我国农村社会发生了很大变化，人们的生活方式、思想观念、价值取向等正在发生着深刻的变化，农村社会的社会关系日趋复杂化，农村社会的流动性增强，"过去单调闭塞的环境有了很大的改变；大众传媒的进入农村，不但改善了乡民的文化生活，而且让他们看到了外面的世界，刺激了他们的欲望和想象力；城镇之间以及城乡之间正常的人口流动达到了前所未有的规模；乡镇企业的迅速崛起极大地改变了乡村的面貌"②。所以，农民之间的社会关系日趋复杂化、多样化，农民之间的利益关系表现更加复杂多样，单纯依赖传统的力量已不足以维持和调节农村社会的思想社会关系。费孝通先生在《乡土中国　生育制度》一书中明确指出："社会生活愈发达，人和人之间的往来愈繁

---

① 田成有：《"习惯法"是法吗?》，《云南法学》，2000年第3期，第8页。

② 梁治平：《乡土社会中的法律和秩序》，参见王铭铭、王斯福主编《乡土社会的秩序、公正与权威》，北京：中国政法大学出版社，1997年版，第420页。

荣,单靠人情不易维持相互间权利和义务的平衡。"① "陌生人所组成的现代社会是无法用乡土社会的习俗来应付的"②。现代社会的发展要求必须依赖更加有效的手段来调控农村社会关系,一方面农民需要更加稳定和有效的手段来维持和调整他们之间的社会关系,另一方面国家也需要加强对农村社会的管理和控制,这为国家法律推向农村社会创造了条件、奠定了基础。

但是,我国农村社会正处于传统社会向现代社会转型的重要时期,除少数沿海农村已实现了向现代社会的转型和过渡,绝大多数农村仍处于传统农业社会,离现代工商社会或文明社会还有一段相当长的时期。这就决定了农村社会必然处于传统社会控制机制与现代社会控制机制的交替时期,传统的道德情感、风俗习惯与现代的法律调控手段共同成为人们遵守的行为准则。"……正式法所代表的是一套农民所不熟悉的知识和规则,在很多情况下,它们与乡土社会的生活逻辑并不一致,因此也很难满足当事人的要求。结果,在农村社会的一方面,人们往往规避法律或者干脆按照习俗行事,而不管是否合法;在国家的一方面,在力图贯彻其政策和法律的同时,退让、妥协之事也往往有之。这样便形成了乡村社会中多种知识和多重秩序并存的法律多元格局。"③

我国农村社会日益现代化的过程,也是国家法与各种农村社会规范相互碰撞激荡的过程,也是国家法与农村社会各种规范相互融合、相互吸收、相互借鉴的过程。农村社会现存的多元格局

---

① 费孝通:《乡土中国 生育制度》,北京:北京大学出版社,1998年版,第73页。

② 费孝通:《乡土中国 生育制度》,北京:北京大学出版社,1998年版,第11页。

③ 梁治平:《乡土社会中的法律和秩序》,参见王铭铭、王斯福主编《乡土社会的秩序、公正与权威》,北京:中国政法大学出版社,1997年版,第464页。

为我们昭示了灿烂的民族法律文化,使得我国的法治建设在法律移植的基础上,找到了本土化的基点,同时也看到了法律移植的虚拟性和走建设有中国特色社会主义法治道路的必然性。诚然,农村社会法治化的过程,实际上就是国家权力以法的形式逐步向农村社会渗透和延伸的过程,也是农民民主意识法制化的过程。"由于种种自然的、人文的和历史的原因,中国现代的国家权力对至少是某些农村乡土社会的控制仍然相当松弱;'送法下乡'是国家权力试图在其有效权力的边缘地带以司法方式建立或强化自己的权威,使国家权力意求的秩序得以贯彻落实的一种努力。"[①]

6.2 农村社会法治化进程中的主要问题及其成因

我国改革开放首先从农村开始,改革开放给农村带来了巨大的活力,极大地解放了农村生产力,使农业有了飞速发展,农村和农民的面貌都发生了深刻的变化,农村文明程度日益提高。保持良好的社会秩序是农村稳定的基础,也是农村文明进步的要求。同时,社会转型也带来了农村社会控制和社会环境的变化,不仅农民的思想、观念、行为方式、生活状态、习惯等面临着从传统向现代的转换,而且还存在各种利益的重新调整和分配,社会发展呈多元化特征,农民的利益、愿望和需求也呈多元化发展,各种利益矛盾增多,农村社会秩序的不稳定性增强,农民生活的安全感降低,尤其是违法犯罪现象日益突出,社会治安出现了新中国成立以来最复杂的情况。这为农村社会的法治建设提出了新的要求和新的课题,必须深入分析其原因,对症下药,维护

[①] 苏力:《法治及其本土资源》,北京:中国政法大学出版社,1996年版,第31页。

农村社会秩序，促进农村社会稳定。

6.2.1 农村社会治安状况呈恶化趋势，违法犯罪率逐步上升，农民生活的安全感降低

长期以来，在人们的观念中农村都是落后、愚昧、贫穷的代名词，它不仅与文明格格不入，而且被看做各种旧势力、旧思想、旧习惯的代表和化身。城市人远离农村，农村人（农民）以逃离农村为奋斗理想和目标。事实上，城市与农村的区别不在于此，城市并不一定代表文明和进步，农村也并不一定代表落后和愚昧，这只是人们观念中的误区，是长期以来形成的一种不良观念。否则，就很难对农村经济、文化发展后各种违法犯罪活动反而增加，农民生活的安全感随之降低，农村社会不稳定的因素也增加了，以及城市的违法犯罪率要远远高于农村，城市的黄赌毒案件和暴力案件要远远超过农村等社会现象作出合理的解释。

改革开放以来，我国农村经济迅速发展，农民的生产、生活发生了巨大的变化，打破了传统农村社会中单一的自给自足的农业社会状态，农民的利益需求和愿望正逐步向多元化发展，加之我国农村社会发育程度和地区发展的不平衡性，客观上造成了农村社会结构的多元化特征。同时农村社会发展上的不平衡性和社会转型给农民心理造成的冲击，往往容易引起其与社会冲突的行为的发生。"中国农民在纵向的社会历史转型时期和横向的社会经济结构中的边际性，决定了他们的人格和社会心理也处在新旧交替、传统与现代参半的状态。"[①] 20世纪70年代后期以来，我国农村普遍实行了家庭联产承包责任制，极大地调动了广大农民的生产、生活积极性，绝大多数农民已解决温饱问题，农村社会

---

① 贾德裕等主编：《现代化进程中的中国农民》，南京：南京大学出版社，1998年版，第414页。

形成了多元化的发展格局,农村工业、商业、贸易占农村总产值的比重逐年增加。这就打破了传统农村社会中单一农业结构的面貌,从根本上改变了农民的生产、生活状态,广大农民的利益和需求开始呈现多元化发展趋势,农民已不再满足于传统的生活方式和生活状态,农民生产生活的空间和范围逐步扩大,自我发展的意识逐步增强,现代农民已不是传统意义上的淳朴农民,他们不再单纯地依赖于土地和满足于自给自足的农耕生活。一方面,由于农民生存空间的扩大,促进了农村与外界的联系和交往,改变了农村社会传统上的"熟人社会"或者"熟人社区"的局面,扩大了农民的生活视野和农村社会人员的流动性。"人员的高度流动性和城市化使人们更多同陌生人进行交往,使犯罪违法有了可乘之机。"[1] 另一方面,农村产业结构发生重大变化,农村社会多元化发展趋势日益明显,农民之间的发展参差不齐,层次化倾向比较明显。据有关方面对湖北省部分农村的定点观察资料表明,1987年15%的农村最低收入户的人均收入为224元,15%的最高收入户的人均收入为1 109元,二者的差距为885元;而1997年15%的农村最低收入户的人均收入为743元,15%的农村最高收入户的人均收入为5 059元,二者差距扩大为4 316元。[2] "按照可变价计算,1978年城镇家庭居民人均可支配收入比农村居民家庭人均纯收入要高出210元,1990年这一数值达到824元,1995年高出2 705元,2000年高出4 027元,2004年高出6 485元。也就是说,在1999—2004年的14年中,城乡之间居民收入的绝对额差距上升了8倍左右,即使扣除物价因素的

---

[1] 苏力:《法治及其本土资源》,北京:中国政法大学出版社,1996年版,第111页。
[2] 赵磊:《论当前改革中的利益失衡》,参见人大复印资料《社会学》,1999年第2期,第74页。

影响，这一差距也扩大了 5 倍左右。"① 一部分农民在看到贫穷落后与富裕发达之间的差距的同时，往往缺乏对自身优势的认识，忽略对自身潜能的挖掘，产生消极悲观情绪，甚至产生厌恶、敌视情绪，最终演化成与社会的冲突行为——违法犯罪。"我国农民传统观念历来是'不患寡而患不均'的平均主义。贫富不均的现实势必引起不少农民的被剥夺感，导致心理失衡。"②

6.2.2 基层政权组织软弱涣散，制约了人民群众当家作主的积极性和主动性

基层政权组织是党和国家大政方针的贯彻落实者，是人民群众的当家人，是带领广大人民群众致富奔小康的组织者和实施者。如果基层政权组织坚强有力，踏踏实实为人民办事，就能树立良好的形象，就能树立良好的群众威信；如果基层政权组织软弱涣散，就会激化干群矛盾，就会丧失民心，使干群关系紧张，甚至对立。据江西省宜春地区的典型调查，农村政权组织能正常发挥作用的占 30%，一般化的占 40%，软弱涣散的占 30%。③其原因主要有：（1）一些地方干部工作作风简单、粗暴，严重伤害农民群众的感情。（2）部分基层干部官僚主义严重，不了解民情，不懂民意，脱离人民群众，丧失民心。（3）"三乱"现象严重，农民负担过重，增产不增收，增收多增产少的问题还很突出，农民生活的压力增大。（4）一些基层组织包庇、纵容，甚至参与违法犯罪活动。（5）贪污腐败现象时有发生，严重挫

---

① 胡鞍钢：《中国：民生与发展》，北京：中国经济出版社，2008 年版，第 222 页。
② 中国警察学会编：《当前中国农民中的犯罪研究论文选》，北京：中国人民公安大学出版社，1998 年版，第 64 页。
③ 中国警察学会编：《当前中国农民中的犯罪研究论文选》，北京：中国人民公安大学出版社，1998 年版，第 28 页。

伤农民群众对基层组织的信赖感。(6)部分基层干部不勤政为民,不关心人民群众生活,工作重心不是为民办事,而是跑官要官、保位子、捞票子。这样,既伤害了人民群众的感情,使政权组织在一定范围内丧失了民心,激化了干群矛盾,打击了人民群众当家作主的积极性和主动性,也助长了违法犯罪现象的滋生与蔓延。

6.2.3 地方执法队伍素质偏低,刑事案件民事化、民事案件民间化的现象仍然存在

随着农村社会经济的发展,农村社会治安、社会风气、道德伦理等问题日趋严重,不仅显示了农村社会法治进程的严峻性,而且也暴露出我国农村执法体系中存在的问题。主要表现为:(1)执法人员偏少,与人口比例不相适应,执法人员的工作疲于应付。(2)经费不足,硬件配置相对落后。(3)执法人员专业化程度低,部分执法人员不懂法,仅是自学或上过短期法律培训班的情况不在少数,受过严格专业技能训练的执法人员数量还很少。(4)在具体执法过程中,将刑事案件民事化,以调解方式化解矛盾和冲突,以罚款、批评教育代替刑事处罚的现象还很突出,而民事案件则往往民间化,私下了结而不通过有效的法律途径。(5)执法人员时效观念较差,办理案件和法律事务的随意性、随机性很强。

这些现象的存在,导致法律的权威性和严肃性无法树立,更无从谈起法治观念深入农民百姓的头脑。在农民群众的观念中,法治不仅是遥远的,而且是陌生的,他们不知道法治为何物,也不知道自己有哪些权利,在其潜意识中,"应该"和"不应该"做什么的观念是牢固的,即义务是第一位的。他们认为,服从国家和政府的管理,按来自于政府及其公职人员的意志办事是必须的、应该的,是农民的本分,而依法享受权利则是模糊的,绝大

多数农民根本没有权利意识和观念,更不敢把权利和义务联系起来。一方面,这是由于我国传统文化的熏陶,形成"义务本位"的观念,使人们在社会生活中重义务而轻权利。"我们的文化,至少在它最有影响的那一部分,总是将'义务'置于首位的。"[①]另一方面,使人们对法律的信赖感降低,无法在观念中形成法治意识,树立法律至上的信仰。

6.2.4 传统文化中的消极因素仍然存在,各种陈规陋习滋长蔓延,农村宗族势力和恶势力有所抬头

近年来,农村社会物质文明发展迅速,但精神文明建设并未与之同步,农村社会中的道德失范行为、违法犯罪行为在数量上有增加的趋势,在范围上呈扩大化发展,在程度上逐步加深。农村社会中的封建迷信活动、黄赌毒、卖淫嫖娼、家庭暴力、虐待妇女儿童和老人、家族械斗、村与村群殴等现象时有发生。杀人、拐卖妇女儿童、抢劫、强奸、绑架等暴力犯罪日益增多。小偷小摸、流氓滋事、打架斗殴等违法犯罪行为十分普遍,正所谓"大法不犯、小法不断"。据统计,1997年全国刑事案件作案成员中农民占总数的51.5%,一些地区已达70%~80%。[②] 据某地级市中级人民法院统计,该市2002年、2003年生效判决的罪犯分别为2 613人和2 072人,其中农民罪犯分别有2 069人和1 579人,占全部罪犯人数的79.18%和76.25%。[③] "社会分化加大,社会流动加速,社会冲突加剧。旧的社会平衡状态被打破,

---

[①] 梁治平:《寻求自然秩序中的和谐——中国传统法律文化研究》,北京:中国政法大学出版社,1997年版,第161页。

[②] 中国警察学会编:《当前中国农民中的犯罪研究论文选》,北京:中国人民公安大学出版社,1998年版,第27页。

[③] 林贵文:《浅析农民犯罪的特点、原因与对策》,《福建政法管理干部学院学报》,2005年第1期,第31页。

而新的平衡状态未能建立起来,出现一种社会失衡(或称社会失范)状态,社会的整合能力下降,从而导致农民犯罪的增加。"[1] 值得注意的是,各种违法犯罪行为相互纠合,由个体的单一行为逐步发展成为组织严密的犯罪团伙或者犯罪集团,形成农村恶势力,目无法纪,无恶不作,公然藐视国家法律,甚至对抗基层组织,破坏党的路线、方针、政策的贯彻实施,严重践踏社会主义民主与法制,影响了农村的社会秩序和社会稳定。这是社会主义初级阶段农村改革和发展过程中,政治、经济、文化、法制、教育等的诸多消极因素和各种社会矛盾相互交织、相互摩擦的不良社会综合反映,势必成为农村社会法治化进程中的一大障碍。

在我国农村,与经济的迅猛发展形成巨大反差的是传统文化中消极因素仍严重制约着农村社会现代化的进程,宗法观念根深蒂固地积淀在人们的头脑中。在研究农村社会法治化进程时,必须正确认识其所产生的积极意义和消极作用。一方面,它对我国社会历史发展和社会主义建设曾经起过促进作用,"宗族作为封建国家的细胞和社会基础,对维护封建秩序,维护国家统一与社会安定起过重要作用"[2],"作为一种传统的社会组织,它也不是必然地不容于现代社会。重要的是必须看到,家族的重建实际也是传统的再造,它表达了中国当代乡村社会中的某些需求"[3]。另一方面,它对我国农村社会秩序和社会稳定带来了负面影响,存在与我国法治现代化和建设社会主义法治国家的战略目标不相

---

[1] 中国警察学会编:《当前中国农民中的犯罪研究论文选》,北京:中国人民公安大学出版社,1998年版,第50页。

[2] 贾德裕等主编:《现代化进程中的中国农民》,南京:南京大学出版社,1998年版,第86页。

[3] 王铭铭、王斯福主编:《乡土社会的秩序、公正与权威》,北京:中国政法大学出版社,1997年版,第457页。

适应的一面。

6.2.5 农民群众的法律知识十分匮乏,其法律意识和法治观念与法治国家的要求还不相适应

在我国农村,广大农民群众受教育的程度很低,文化水平和素质普遍不高,文盲、半文盲还很多,而法律知识素质就更低,法盲的数量远远超过文盲的数量,人们对法和法律的认识仅仅是对刑法的一种感性认识,而对其他法律知之甚少,或者一无所知。人们认为只要自己不违法犯罪,法律就离自己的生活很远,法律也不能和不会干预自己的生活,只有违法犯罪了法律才会起作用。人们在对法律一无所知的情况下,对法律抱有的是一种消极无用的态度和观念,人们不会期盼法律能够改变什么,为自己的生活带来什么,也不认为法律能切实保护自己的合法权益。由于人们对法律的无知,导致人们不仅没有法律至上的观念,而且没有法律的概念。人们把法律看做遥远的、空洞的、不具体的、无用的东西,而不是实在的、有用的和有价值的生活准则。农民群众的法律知识十分匮乏,其法律意识和法治观念与法治国家的要求还不相适应,农民群众还处于被动适应社会法治化的局面,还没有成为推进法治的主导力量。

长期以来,广大农民在自身合法权益受到侵害时,往往借助家族、村社和家庭的力量解决,以化解纠纷、息事宁人为主要的原则,目的不是为了维护和保障自身的合法权益,而是为了减少和化解矛盾。这充分说明了农民群众缺乏法律意识和法治观念不仅具有现实的原因,而且有其特定的、深厚的历史文化传统背景。

目前,我国的法治建设正在经历由精英群体发起向人民群众自发、自觉要求法治的社会转型时期,要求民主和法治的呼声日益高涨,依法治国,建设社会主义法治国家的目标首先是由党和

政府提出,并积极推进的,而广大人民、尤其是农民群众还没有意识到推进法治不仅是自己义不容辞的责任,而且也是自己的权利,人民群众才是真正推动法治进程的主要力量,人民群众的需要和要求才是法治发展的内在驱动力。"民众才是法治建设的最终推动力量。真正的法治必然要求民主和推行民主。"① 正如邓小平同志深刻指出的那样,"没有民主就没有社会主义,就没有社会主义现代化"②。"为了保障人民民主,必须加强法制,必须使民主制度化、法律化,使这种制度和法律不因领导人的改变而改变,不因领导人的看法和注意力的改变而改变。"③

6.2.6 农民群众缺乏对法律的正确理解,法律和法治得不到民众的根本信仰和追求

改革开放以来,我国的民主法制建设取得了巨大的成绩,在农村也不例外。农村法治建设取得了一定成绩,农民的法治意识中发生了一些可喜的变化,但法制宣传教育不足,农民群众缺乏对国家正式法律的正确理解,法律和法治得不到民众的根本信仰和追求,农村社会还没有形成统一的法治人文环境。第一,我国先后进行过几次大规模的普法活动,收到了很好的效果。同时由于广大农民生活的根本变化,信息的来源和途径增多,了解法律常识的机会增多,尤其是电视、广播、报纸等媒体的宣传和报道。诸如中央电视台的《今日说法》、《社会经纬》,地方电视台的《法庭直播》、《法制大世界》等栏目,客观上为广大农民群

---

① 卓泽渊:《中国法治建设行为模式的选择》,《云南法学》,2000年第1期,第3页。
② 《邓小平文选》第2卷,北京:人民出版社,1994年版,第168页。
③ 《邓小平文选》第2卷,北京:人民出版社,1994年版,第146页。

众了解法律、认识法律提供了窗口和园地,为广大农民树立权利义务观念、公平竞争观念、自由平等观念、契约观念以及提高公民意识等营造了一个良好的舆论环境,极大地鼓舞了农民群众利用法律武器维护自身合法权益的勇气。部分农民在自己的合法权益受到侵害时,往往会寻求法律咨询和执法机关的帮助,并且不再以化解矛盾为原则,而往往以获得相应补偿为原则,维护自身合法权益、制裁惩罚侵害行为人的目的比较明显。尽管这部分人在农村中只占很少的数量,但无疑却带来了农村法治建设的新气象,为农村基层民主政治建设和法治建设奠定了基础。

第二,运用法律手段维护自身合法权益、处理各种纠纷的现象日益增多。近年来,我国在大力推进经济和政治体制改革的同时,积极推进司法改革,使司法机关和组织向农村延伸,在乡村开展巡回法庭审理活动或按一定片区在基层人民法院下设派出法庭,一方面方便了群众,降低了诉讼成本,使广大农民缓解了告状难的问题,尤其是缓解了经济上的负担,减少和避免了部分农民无力进城打官司的现实;另一方面宣传了法律,促进人们对法律的了解。这在很大程度上提高了农民走进法庭、对簿公堂的勇气和信心,加之部分案件在法庭的公正审理,促进了农民维权意识的进步。尽管法律还没有成为农民解决纠纷的首选途径,但毕竟有部分农民开始尝试到法庭离婚、继承财产、解决纠纷,改变了过去农民群众中对法律认识的单一性,即刑事处罚性,开始逐步认识民法、经济法等法律。但是广大农民对当前我国的法律缺乏更多的了解,不知道通过什么方式或途径才能得到法律的帮助,既缺乏对实体法的了解,也缺乏对程序法的了解,形成农村法治中的一个盲点。

第三,惩恶扬善的呼声日益高涨,对社会稳定和社会秩序的安全和有序化运行的要求增强。尽管农民重视乡土,有固守乡土的观念以及重视现实而轻视理想的传统意识,但从根本上讲,农民群众仍然渴望国家采取有力措施打击违法犯罪活动,惩治各种不良社会现象,净化社会风气,恢复农村宁静的生活状态,维护农村社会的稳定和秩序。换句话讲,广大农民群众对法治没有清楚的认识,但从内心渴望社会稳定,期盼井然有序的社会秩序以及生活的宁静,要求有统一的规范和保障措施,提高生活的安全感,实际上就是对法治的渴求和期盼,期望以此获得秩序、自由、公平和正义。

诚然,农村法治建设取得了可喜的成绩,但与建设社会主义法治国家的要求差距还很大,还没有形成一个统一的农村法治人文环境。"国家法律也会因国家推行法制教育和少数法制观念较强的人员带入此社会范围,但却得不到其民众的根本信仰和追求,人们仍然靠区域范围内的相关主体对风俗、道德、习惯、礼制、规约的普遍认可,靠宗法、血缘、情感、心理认同和价值利益取向的一致性及社会舆论来维持和调控社会关系。"[①] 在农村社会中"国家法"与"民间法"并存的现象仍然存在,而且在一定程度上"民间法"的实际价值和效力远远大于"国家法",起到了稳定农村社会,有效控制农村社会秩序的作用,但客观上也制约了我国整个社会的法治化和法制的现代化。

6.3 农村社会法治化的思考

法治化是社会文明进步的标志,随着我国民主政治建设和法制建设的深入发展,农村社会必然要向现代法治社会发展,依法办事和依法治理农村社会将成为人们的共同信念和日常生活的主要准则。然而由于我国农村社会生产力水平低,各地社会发育程

---

① 马雁、李育全:《乡土社会法律意识的审视与重新定位》,《云南法学》,1999年第1期,第25页。

度不相一致,决定了我国农村社会法治化进程是一个复杂的系统工程,必将经历一个长期的渐进过程。

6.3.1 积极挖掘农村社会的法治资源,在制定国家法时加以吸收和利用

农村社会长期以来都是我国的主体社会,传统文化在农民的观念中相对扎根更深。我们要挖掘传统的法治资源,在很大程度上必然要深入研究和梳理农村社会,研究家庭、村落等区际文化,剖析维持和控制农村社会的规则。我们不难发现,农村社会有一套完整的社会控制系统,并且是人们自发地、从内心深处自觉自愿地遵守的规则,并借此以调整农村社会的社会关系。这套规则包含了农村的礼仪尊卑、辈分等级、婚丧嫁娶、图腾崇拜、宗教信仰等,其中既有宗族的东西,也有习惯的东西,也有道德的东西,也有法理的东西。"社会中的习惯、道德、惯例、风俗等从来都是一个社会的秩序和法治状况构成不可缺少的部分。"[①]

正是这套农村社会规范从内部控制和维持着农村社会的稳定与秩序,国家法律则从外部加以防范和控制,从而达到农村社会的稳定。随着农村社会主义市场经济的发展,传统规则的作用日趋弱化,社会越发展,传统的作用就越小,年龄越小的人,受传统的束缚也就越小,越容易接受新鲜事物和崭新文明。这为我国农村社会的法治化创造了一个良好的契机,只有认真梳理农村社会的法治资源,将其有利于维护公序良俗的规则吸收进国家法,使国家法与农村法治资源相互融合,这样的国家法才会更加符合农村社会的实情,也才会收到更好的效果,克服我国现行立法中过于精英化,或者说立法的内容还完全受官方意识形态的影响和

[①] 王学辉:《双向构建:国家法与民间法的对话与思考》,《现代法学》,1999年第1期,第58页。

控制，缺乏平民性和生活化的东西，使法律成为符合官方意识形态需要和比较严谨的规范体系，但却是农民不熟悉、不理解的知识体系，给法律的贯彻执行带来困难，在法律与农民之间拉开了一条鸿沟，农民感觉到法律遥不可及，法律也无法完全调控农民之间的关系。"中国农村社会在一定程度上、在一定领域内是超越正式法律控制的，因为政府还不能提供足够的或对路的'法律'服务来保持这些社区的秩序。"[①] 如果说国家法要吸收农村法治资源难度很大，那么在地方性法规和规章中加以吸收并非难事。所以，在今后一段时期内，尤其应当加强地方性立法与农村法治资源的整合工作。

6.3.2 加强国家法在农村社会的实施，树立司法在农村社会的权威形象

国家法能否得到全面实施，是农村社会法治化的关键。国家法不仅不应受到削弱，相反应当加强。只有大力推行国家法，公正执法，树立法律公平公正的形象，人们才会相信法律、相信法治，从而依靠法律，把法律看做日常生活的准则，自觉自愿地服从法律，正确运用法律，依法维护自身的合法权利。在传统的农业社会中，人际资源的有效性和单一性导致了社会关系的单一性以及调节手段的非强制性，而现代商品经济社会中，人际资源相对复杂，复杂的社会关系必须依赖更有力的调控手段——法律来维持。这是农村社会法治化的内在原动力，也是国家法得以强化的思想基础和精神条件，必须积极推行国家法，加强国家法的实施，以树立国家法的权威性。

在实施国家法的过程中，公正司法，树立农村社会基层司法

---

① 苏力：《法治及其本土资源》，北京：中国政法大学出版社，1996年版，第31页。

的权威性就成了关键性的一步。在现代司法制度日益格式化和农村社会实际的非格式化之间,基层法院和基层法官扮演着重要的角色,事实上,基层法官正在承担着国家与社会双方互动的中介角色,有意或无意地推动着中国法律在农村社会发展的方向和未来。因此,基层法院和基层法官在人们心目中的整体形象不仅代表着国家法律的权威性和尊严,而且也激励和预示着人们对法律的信赖程度,体现和反映着社会的公平程度。但是当前我国基层司法机构、司法干部队伍的素质与农村社会的实际需要之间还存在一定差距,执法不严,执法不公,徇私舞弊,枉法裁判的现象时有发生,造成农民需要法律的救济但法律不能给予其救济,或者农民需要的救济与实际的救济相背离,使得司法不能给予农民所期望的足够的法律保障。"这种正式司法制度'供给'上的不足,反过来抑制了民间对正式法律的需求"①,不仅难以树立司法的权威性,而且还给国家法的贯彻实施制造了障碍。

6.3.3 规范和约束基层领导干部手中的权力,用基层领导干部的典范形象教育农民群众

基层领导干部是人民群众的当家人,是带领人民群众致富奔小康的领头人,其言行本身就有一种良好的示范作用。基层组织和基层干部也是贯彻实施国家法律的关键,基层干部队伍的法律意识、法律素质和法律水平如何,不仅关系到国家法律能否正确实施,而且直接关系到我国农村社会法治建设的质量。无论在理论上还是实践上,领导干部都是人民群众中的典范,在人民中具有较高的威信,是人民心中的权威,是国家法律在农村社会的代言人,人民对领导干部不仅怀有崇敬之心、敬畏之感,而且也有

---

① 王铭铭、王斯福主编:《乡土社会的秩序、公正与权威》,北京:中国政法大学出版社,1997年版,第430页。

效仿和跟从的心理。如果农村社会中基层领导干部严格贯彻和执行国家法律，人们对法律的信赖感就会增强，法律的权威性也就会提高。相反，基层领导干部无视国家法律，自身行为缺乏规范性要求，不受法律的监督和制约，人们对法律的信赖感就会降低，法律的权威性也会大打折扣。

在建立和完善社会主义市场经济的过程中，由于各种社会不正之风的影响，部分基层领导干部贪污腐败、吃拿卡要，严重败坏党纪党风，使领导干部在人民心中的地位大大降低，甚至一些基层干部在农民心中成了乱收费、乱罚款、乱摊派的代言人，成为吃拿卡要的化身。江泽民同志指出："党的作风问题，也是党的形象问题，作风不正，形象好不了，必然脱离群众、脱离实际。"[①] 因此，必须用法律约束和规范基层领导干部手中的权力，使这种权力切实为基层群众服务，严格依法办事，积极推行依法行政，自觉自愿地将基层领导干部的行为纳入法律的控制范围，使基层组织及其工作人员的行为规范化、科学化和民主化，使依法治村、民主管理、民主决策落到实处，树立良好的基层领导干部形象。一旦领导干部带头依法办事，法律的权威性就可以树立起来。否则，法律就成为权力的附庸，对百姓严厉，而对领导干部宽容，领导干部用手中的权力操纵着法律的游戏规则，对于处于社会最底层的农民而言，就只有接受法律强制性的命运，而无运用法律维护其合法权益的希望。法治也就成为一句流行的口号而被束之高阁，或者变成领导干部对人民群众讲法治，而自己却无法无天，人民群众想要法治，却看不到法律能给自己带来什么，也看不到法律应有的尊严和地位。

---

① 江泽民：《关于改进党的作风》，《求是》，2001年第1期，第4页。

6.3.4 提高农民的权利意识和公民意识,培养农民对法律的感情

长期以来,农民生活在社会的底层,不仅物质上相对比较匮乏,而且也没有更多的信仰和追求,生存的欲望支持着农民与自然界进行不懈的斗争,而在国家与社会和自己的关系中农民无法找到自己的位置,既无主体的意识,也无公民的意识,纯粹是被动适应国家和社会的发展。这从客观上决定了国家法在农村社会所必然面对的艰难处境,国家法作为一套完整的规则体系不被农村社会中的人们所熟知,而身处这一区域的人们也很难完全相信和接受这一套知识,农民还难以直接从法律中获得利益或者看到自身利益所在。"农民是最讲实在的,法律未能实在地给农民以正面的感受,因而也就不易赢得农民的信任拥戴,加之司法中的漏洞,往往抹去了法律可以有的积极效益,放大了消极的效应或反面感受,引发了农民对法律的一些不正确看法,妨碍了农民法律意识的健康提高。"①

深入分析农村社会中农民的法律意识不强、缺乏法治信仰的原因,可以概括为这样几点:(1)农民缺乏足够的法律知识,不懂得如何运作法律,对法律技术和法律技巧就更谈不上运用。(2)农民注重实在,而法律作为一种规范体系,从理论上讲属于上层建筑范畴,在从理想的意识领域到实际的运用之间还有很大差距,农民看不到两者之间的必然性。(3)在法律运作过程中,存在许多不确定因素,比如形势的变化、权力的介入、适用法律的干部的素质差异等,而每一个不定因素都可能导致农民一无所获,甚至走向事物本来的反面。(4)农村社会经济文化不发达,农民对法律的需求还不十分强烈。(5)农民对法律的不

---

① 郑永流:《农民法律意识的现实变迁》,参见李楯编《法律社会学》,北京:中国政法大学出版社,1998年版,第480页。

信任，归根结底，可以说是对领导干部的不信任，因为在农民心中，领导干部是掌权者，是法律的执行者，或者说领导干部是法律的代言人或者化身，而当前领导干部群体在农民心中的形象却是大打折扣的，农民对领导干部难以培养感情，显然对工具性的法律也就无从谈起感情，这也许是国家法实施中最难逾越的顽固堡垒。

6.3.5 加强基层政权组织建设，提高依法行政的能力

"在中国，现代国家建构所面对的是一个高度分散的乡土社会。作为政治单位的农民社会与国家政权体系是离散的、相对独立的。如何将散落于乡土社会的权力集中于国家，同时又将集中于国家手中的权力渗透到乡土社会，从而改造、组织传统的乡土社会，将政治上官民隔离的社会转变成官民一体的社会，便成为现代国家建构的重要任务。"[①] 基层政权是国家权力的最终落脚点和支撑点，基层政权组织担负着国家法律、方针政策的贯彻落实，在国家治理和社会管理中具有举足轻重的位置，是国家政令畅通和社会稳定的坚强堡垒，是构建和谐社会的关键所在，也是密切党群、干群关系，提高国家治理水平和依法执政的基础。

近年来，我国一些地方基层政权组织软弱涣散，部分干部官僚主义作风严重，贪污腐败现象时有发生，不仅严重损害了政权组织和国家干部的良好形象，挫伤了人民群众忠于社会主义事业和全心全意为人民服务的决心和信心，而且为依法办事添加了负面的注脚，使得人们产生一种困惑——"法治听到的多，见到的少，人治听到的少，见到的多"，降低了法治社会在人们心目中的地位，客观上阻碍了法治化的推行。所以，必须加强基层政

[①] 徐勇：《政权下乡：现代国家对乡土社会的整合》，《贵州社会科学》，2007年第11期，第4页。

权组织的制度、纪律、组织等方面的建设，提高依法行政和依法管理的能力，自觉遵守宪法和法律，严格依法办事，树立公正廉明、勤政爱民的模范形象，从而对广大农民群众产生良好的示范作用，使人们从内心里不仅相信法治，而且形成法律至上的信仰。

6.3.6 严厉打击违法犯罪活动，树立法律的权威性和严肃性

我国法治的呼声日益高涨的一个很重要的原因就是整个社会的违法犯罪现象越来越突出，尽管我国政府一直坚持打击违法犯罪活动，但违法犯罪的数量逐年上升，加之部分党员干部的违法犯罪现象被频频曝光，以及社会生活中人们能亲眼所见和亲身感受到的各种不正之风，极大地降低了法律的权威性和严肃性，不仅影响到干群关系和民心向背问题，而且也影响到人民群众对法律和法治的信仰问题。只有严厉打击违法犯罪活动，净化社会风气，才能为农村社会的稳定与繁荣创造一个良好的治安环境，才能树立社会的公平与正义，引导社会发展的良性循环，同时可以稳定民心，调整人民群众对国家机关及其工作人员的看法，重塑法律和法治在人们心中的地位，引导农民群众树立法律信仰，从而学法用法，树立法律的权威性和严肃性。首先，必须坚持"两手抓，两手都要硬"，一手抓经济建设，一手抓打击违法犯罪活动，要克服发展经济以牺牲社会治安为代价的思想。其次，要依靠群众，走群众路线，鼓励农民群众同违法犯罪行为作斗争。再次，要调动各种力量，开展综合治理，加大对违法犯罪行为的社会谴责力度，增强社会控制能力。最后，要充分发挥国家机关的示范作用，树立社会的正气。

总之，农村社会法治化的进程是一个艰难的长期过程，国家法逐步深入农村社会，不仅仅是法律向农村社会的渗透和延伸，

而且是国家权力或者现代民族国家在农村社会的重塑，标志着国家对农村社会控制的加强和农村社会生活日益格式化的趋势。法律作为国家权力最明显的象征和符号资源，充分体现和代表着国家的正统规范，它们在向农村社会渗透的过程中，与农村社会中的情理、风俗、习惯等非正式规范彼此作用，既矛盾又冲突，既融合又相互独立，法律在借助国家暴力作为后盾的基础上，强行渗入农村社会，形成以法律为主导的多元型社会治理机制，这是我国农村社会法治化发展进程中必然面对的选择和趋势。

6.4 农民法治观念的引导

引导农民树立正确的法治观念，是我国法治化进程中应当解决的重要问题，是实现农村社会法治化的关键一环，关系到"依法治国，建设社会主义法治国家"的战略目标能否顺利实现，也关系到我国能否顺利完成全面建设小康社会的奋斗目标。我们认为主要可以从以下几个方面入手：

第一，坚持"两手抓"，"一手抓"引导农民致富奔小康，"一手抓"农民法律素质的培养。实践证明，只有农村经济繁荣了，农民富裕了，农民的民主意识、权利意识才会高涨。富裕地区的农民要求参与民主政治的愿望和权利意识明显要比贫困地区农民强。在我国法治化进程中，必须引导农民积极发展农村经济，建立健全农村社会主义市场经济。在发展经济的同时，由于经济交往和保护自身合法权益的需要，就会刺激农民学习和了解法律的兴趣，经济的发展同时也为农村法治化发展奠定了基础。将发展经济和引导农民培养提高法律素质结合起来，使农民依法致富、依法治村、依法生产生活，使法律成为农民生活的重要组成部分，培养民众化的和生活化的乡村法律文化，提高农民的法律知识水平，提高农民学法、用法、守法的积极性和主动性。

第二,加强乡村干部的教育和管理,提高依法管理的能力和水平,为农民树立守法、用法的典范形象。乡村干部既是党的方针、路线和政策的贯彻执行者,也是农民群众中的领路人。乡村干部的言行,在一定程度上都会在农民群众中产生反映和影响。乡村干部的好坏,不仅关系到党和国家的形象,而且也关系到民心向背问题。要切实加强对乡村干部的管理和教育,具体做到以下几点:(1)要建立起一套科学合理的选拔、考核、任用、奖惩机制和制度。(2)要加强对乡村干部的法纪教育、思想政治教育、文化知识教育,尤其是新知识、新技术、新方法的教育,提高乡村干部的法治意识,增强党性,带领农民群众依法致富、科学致富。(3)要切实依法治村,推行村务公开,提高村民民主管理的层次。这样,乡村干部能够以自身的行动,身体力行地推进法治,农民对法治的依赖感就会增强,农民对干部的信赖感也会增强,形成良好的示范效果。反之,如果乡村干部目无法纪、吃喝嫖赌,甚至贪赃枉法,横行乡里,成为村里的恶霸,农民群众对法律的信赖感就会大大降低,农民群众就会从乡村干部身上折射出"法律的影子",认为法律只是对老百姓起作用,对有权有钱有势的人不起作用,会使农民对法治丧失信心。

第三,加强对农民的文化教育,引导农民学习科学文化知识,增强理性精神,提高法治意识,塑造新型的现代农民。在我国农村中,贫富悬殊是经济发展上的不平衡,而经济的发展迅速与文化教育的相对落后之间的不平衡,从根本上制约了我国农村的持续发展,使得农村物质文明建设和精神文明建设不同步。要实现农村社会的法治化发展,就必须下大力气加强对农民的文化教育,进一步推进扫盲工作,抓好农村文化教育事业。"教育可以帮助农民改变信仰、价值体系以及社会意识和政治态度,可以促使其走出经验思维的狭小天地,使其思维场景和思维方式发生深层变革,可以改造其小农意识和保守心理,并可改变其情感方式,最终形成开放和进取的价值取向以及积极参与的政治态度。"① 一方面提高农民的文化水平,促进农民了解信息、识别信息的能力,扩大农民的视野,增强农民对外交流的能力。另一方面提高农民的思想和意识,增强理性精神,培养开拓创新意识,主动参与农村法治化进程,为农村民主管理、民主参与、依法治村创造思想条件和提供精神与智力支持。

第四,加强普法和法治宣传教育力度,营造农村法治环境,引导农民树立法律至上的信仰。在农村,农民了解、认识法律的途径相对较为单一,除了广播、电视、电影和录像之外,很少能从报纸、杂志,甚至参与法庭旁听等途径来了解法律,在贫困农村,途径就更少。越贫困的地方,了解和认识法律的途径和机会就越少。所以,必须加强普法工作,在以往普法的基础上,深入持久地开展普法工作,把普法的内容、形式、途径和农民的实际需要结合起来,增强普法的效果,切实做到不搞过场、不走形式。同时加大法治宣传力度,比如刷标语、宣传车、义务法律宣传和咨询、"法律下乡"、开通148咨询服务热线等,拓宽农民可以实际运用法律、介入法律活动的有效途径,让农民更多地了解我国现行法律,增强法律意识、权利意识,培养法律至上的信仰。

农民法治观念的培养既是一个长期的过程,也是一个复杂的系统工程。我们必须遵循社会发展的客观规律,对农民加以正确引导,以使其树立正确的法治观念,为我国农村社会的法治化奠定坚实的基础。

总之,我国农村社会的法治化进程将是一个漫长的过程,只有在分析我国农村社会现状的基础上,充分认识我国的农民和农

---

① 李成贵:《中国农业政策——理论框架与应用分析》,北京:社会科学文献出版社,2007年版,第108页。

村问题，才能更好地认识我国农村社会的法治化之路，才能更全面地认识我国的社会主义现代化建设和建设社会主义法治国家的战略目标。我们相信，在党的领导下，随着农村改革的深入发展，我国农村社会必将更加繁荣稳定，一定能够实现农村社会的法治化发展。

第 7 章　农村社会法治化的途径

> 正如人们所知，社会生活中的秩序所关注的是建立人类行动或行为的模式，而且只有使今天的行为等同于昨天的行为，才能确立起这种模式。如果法律对频繁且杂乱的变化不能起制动作用的话，那么其结果便是混乱不堪，因为无人能够预知明天所将出现的信息与事件。
>
> ——［美］E. 博登海默

法治已经成为 21 世纪最响亮和最流行的话语，建设社会主义法治国家已经成为人们的共识和追求的目标。从形式上讲，当前的法治建设可谓轰轰烈烈、振奋人心，已初步建立起中国特色社会主义的法律体系的基本框架，并提出到 2010 年形成有中国特色社会主义法律体系。① 从实质上讲，我国社会离真正的法治社会还有很大的距离，尤其是在落后的农村地区，法治建设的道路是艰巨而漫长的，还受到诸多因素的制约和限制，比如政治体制改革缓慢、农村经济薄弱、农民生活困难等。我们既不能因为

---

① 江泽民:《全面建设小康社会，开创中国特色社会主义事业新局面》,《求是》, 2002 年第 22 期, 第 13 页。

形式上的轰轰烈烈而盲目乐观,甚至夸大我国法治建设的成绩,也不能因为存在问题而悲观失望,甚至丧失对建设社会主义法治国家的信心。

农村社会是我国社会的主要组成部分,覆盖了我国绝大多数的国土面积,居住着我国绝大多数的人口,农村社会的法治状况和程度,直接决定了我国整个社会的法治程度,直接决定了依法治国,建设社会主义法治国家的战略目标能否实现。因此,农村社会法治化发展的程度如何,不仅关系到农村社会的稳定与繁荣,而且关系到全国的稳定与繁荣,是事关全局的大事。在农村社会法治化发展过程中,主要应做好改善农民生活、提高农民当家作主的地位、提高农民素质、依法办事、加强农村精神文明建设等方面的工作。

7.1 改善农民生活是农村社会法治化的基础

生产力是社会发展的最根本的决定因素。任何社会的民主与法制,都是建立在一定的经济基础和客观社会物质条件之上的。我国的社会主义民主与法制,也是建立在社会主义经济基础之上的,没有社会主义经济的繁荣与发展,就没有社会主义民主的繁荣与发展,社会主义经济是社会主义民主法制的前提和基础,社会主义民主法制是社会主义经济的体现和保障。我国的基本国情是现在处于并将长期处于社会主义初级阶段,尤其在广大的农村社会里反映更加明显,要实现全社会的共同富裕,实现我国社会的整体跨越式发展,必须首先实现农村社会的发展,农村社会发展了,整个社会也就发展了。农村社会的稳定与农民的社会心态密切相关,而农村社会经济的发展直接决定着农民的社会心态,所以,农村社会主义市场经济发展与否直接影响着农村社会的稳定。当农村经济发展,农民生活富裕时,农民的社会心态就比较稳定，农村社会就比较稳定，违法犯罪现象相对较少。相反，当农村经济状况不好，农民的生活水平下降，农民的社会心态就不稳定，容易对生活丧失信心、产生不安全感，形成与社会的冲突和对抗，演化为违法犯罪行为。因此，在现阶段的发展过程中，必须积极培育和完善农村社会主义市场经济，引导农民通过诚实劳动发家致富，使农村社会有一个良好的经济环境和经济状况，使广大农民在解决温饱问题之后，积极致富奔小康。W. 阿瑟西·刘易斯认为，由于发达国家的劳动力队伍中绝大多数是农民，他们的收入也最低，所以只有提高农民的收入，才能提高绝大多数人口的生活标准。① 只有农民生活富裕了，经济地位提高了，才有可能要求更进一步的民主，才有可能要求用法律规范来调整农村社会的各种社会关系，由被动适应法治转变为主动要求法治，从而促进农村社会的民主与法制建设，推动农村社会的法治化发展。

党的十六大提出了全面建设小康社会的目标，但"我国正处于并将长期处于社会主义初级阶段，现在达到的小康还是低水平的、不全面的、发展很不平衡的小康，人民日益增长的物质文化需要同落后的社会生产之间的矛盾仍然是我国社会的主要矛盾"。并进一步强调，"统筹城乡经济社会发展，建设现代农业，发展农村经济，增加农民收入，是全面建设小康社会的重大任务"②。全面小康社会的建成，是以经济的发展作为前提和基础的，而法治社会是小康目标的题中应有之义，没有健全的民主和法治，小康社会就是不全面的。因此，大力发展农村社会主义市场经济，增加农民收入，不仅是提高农民生活质量的重要途径，也是全面建设小康社会和建设法治国家的客观需要，没有农村经

---

① 引自杰拉尔德·M. 梅尔、詹姆斯·E. 蒙赫主编《经济发展前沿问题》（中文版），上海：上海人民出版社，2004年版，第368页。
② 江泽民：《全面建设小康社会，开创中国特色社会主义事业新局面》，《求是》，2002年第22期，第8、9页。

济的大发展,就不可能有农村社会的法治化。

当前,绝大多数农民已经解决了温饱问题,对于吃、住的基本生活需要已经基本可以得到满足,制约农村发展和农民致富奔小康的瓶颈,主要在于农民"变现"收入太少,也就是说农民手中可支配的现金很少。农民缺乏用体力劳动换取金钱的途径和通道,即使农民依靠体力劳动收获粮食并用粮食兑换现金,但由于工农"剪刀差"的影响,粮食作物的收益往往是投入多而产出少,加上农业自身属于弱质产业,受到市场风险和自然风险的双重影响,而农民作为弱势群体,单个的农民很难应付这两种风险当中的任何一种。所以,要发展农村经济、提高农民生活,就必须做好以下几个方面的工作:

第一,积极推进农业的集约化经营,走中国特色的农业现代化道路。农民由于土地承包带来的巨大实惠和积极性,对土地承包抱有巨大的热情和固执的信念,甚至在很多农民心中土地就是生命,就是一切。"土地对传统农民而言,不仅仅是谋生的手段,其实也是全部人生希望之所在。"① 因此对土地集约化经营在农民中很难形成自觉自愿的行为,这种集约化经营似乎让农民感到多少有点"过去生产队集体经营"的"回归"的样子,农民对此深感后怕。实际上现代化的集约经营完全与过去的集体经营并不相同,集约化经营是农业发挥规模效益的最佳途径,是农业产业化发展的必由之路,也是增加农民收入的一条基本道路。"一个国家或地区的工业化、现代化过程都是由农业占国民经济和总就业比重不断下降的经济结构变化过程。"② 基于此,党的十七大报告正式提出走中国特色农业现代化道路的重大命题,党

---

① 周晓虹:《转型时期中国农民的社会心理》,贾德裕等主编:《现代化进程中的中国农民》,南京:南京大学出版社,1998年版,第396页。
② 胡鞍钢:《中国:民生与发展》,北京:中国经济出版社,2008年版,第15页。

的十七届三中全会进一步深化了中国特色农业现代化道路的提法,为农业指明了发展方向。胡鞍钢认为这是中国第七次农业制度变革,"中国农业转型进入到新的历史阶段,开始了以'解放农民、转移农民、减少农民'为主题的第七次农业制度变革"①。

第二,大力转移农村剩余劳动力,把农民从土地的束缚中解放出来。改革开放以来,农村剩余劳动力呈上升趋势,到1990年达到最高点,近两亿人,约占农业劳动力的一半以上,到1996年下降到1.6亿人,到2000年又增加了800万,剩余劳动力又呈上升趋势,到2005年,农村剩余劳动力还将上升至两亿。②"目前我国外出务工就业的农村劳动力约有1.35亿人,加上在本地企业从事二三产业的售货员,全国农民工总数超过2亿,成为名副其实的新兴产业大军。"③ 农村劳动力过剩,一方面造成了人力资源的浪费,另一方面导致农业生产效益的低下。把农村剩余劳动力有效地实现转移,不仅是提高农业效益的一个有效途径,而且也是农民脱贫致富的重要途径。按照"离土不离乡"、"离乡不离土"、"离土又离乡"的转移方式,我国正在形成一个新兴的阶层——农民工,它为整个社会的发展作出了积极的贡献:转移了剩余劳动力、拉动了内需、改善了人才资源的配置、推动了城乡经济的发展,把农民从经营土地转移到其他产业中去,甚至让失地农民在失地后还有自我发展的能力和空间。培育新型农民,这是减少农

---

① 胡鞍钢:《中国:民生与发展》,北京:中国经济出版社,2008年版,第24页。

② 参见《胡鞍钢谈:善待进城的农民工》,《瞭望新闻周刊》,2002年第9期,第17页。

③ 国家发展和改革委员会:《推进农村改革发展、加快形成城乡经济社会发展一体化格局》,参见学习贯彻十七届三中全会精神县委书记培训工作领导小组编:《当好新形势下的县委书记》,北京:党建读物出版社,2009年版,第100页。

民数量、实现城市化和现代化的核心问题，也是解决农民问题的重点和难点。"中国的基本国情不仅是世界第一人口大国，而且是第一农村人口大国，也是第一贫困人口大国。这是中国农业转型的历史起点，也是它的困难之点。"①

第三，加快城镇化建设步伐。中国要实现现代化，必须让成千上万的农民在城市完成自身的现代化过程，同时他们也在推动城市的现代化进程。在全面建设小康社会的进程中，关键环节就在于城镇化。因为只有城镇才能担负起全面建设小康社会所需的物质、精神和文化等方面的功能，才能正确体现小康社会的生活质量，同时也才能最终实现农民向非农化转移，使新兴的农民工阶层真正从农民中分化出来，成为名副其实的"城里人"，而不是现在"既非农村人也非城里人"的"边缘人"形象（农民工从身份关系上讲是农民、是农村人，从职业和居住状况上讲又是产业工人、是城里人）。可以肯定，农民向非农化转移的数量越多，城镇化的程度就越高，农村社会发展繁荣的速度就越快，城市现代化的程度和速度也会越快。"现阶段中国农业'大转型'的实质就是加速从'正在转型中国家'向'基于城市化国家'转变的历史进程。""中国要真正解决三农问题，就是要解放农民，投资农民，服务农民，转移农民，减少农民，富裕农民。其中最关键的是，要减少农民。"②

7.2 农民当家作主是农村社会法治化的前提

农村社会法治化追求的目标是政治上民主、经济上繁荣、法

---

① 胡鞍钢：《中国：民生与发展》，北京：中国经济出版社，2008年版，第28页。
② 胡鞍钢：《中国：民生与发展》，北京：中国经济出版社，2008年版，第49页。

律上公正，个人自由和个人权利得到充分的发挥和保护。经济体制改革在我国社会中已经取得了巨大的成绩，为改善和提高人们的生活水平作出了极大的贡献。但是政治体制改革明显滞后，如果政治体制改革不能与经济体制改革同步，就会阻碍甚至破坏经济的发展，法治作为政治文明的一部分，在没有成功的政治体制作为支撑和依托的情况下，也是不可能实现的理想。"文化大革命"十年对民主法治的践踏和破坏充分说明了这一点。因此，农村社会的法治化问题不仅是单纯的法律问题，还必须从经济、文化、政治等方面入手，作为一个系统工程来抓，否则就法治论法治、就农村论农村，只能看到问题的表象，而无法深刻探寻和认知事物的本源和内在的逻辑联系。

所以，政治体制改革是实现建设社会主义法治国家的前提和基础，是农村社会法治化的保障和依据。要抓住当前政治体制改革的重点，为全面推进农村法治化打下坚实的基础。

7.2.1　改革监督机制

在我国传统文化中，"官本位"思想可谓根深蒂固，人们对政治的认识是模糊不清的，而对官的认识是具体而清晰的。在一定程度上官成了政治的代名词和化身，于是人们对官怀有敬畏之心，做官成了数千年来有识之士的最大理想和追求。诚然，人们有这样的认识和觉悟并没有错，为树立官的权威性奠定了良好的社会心理基础。但是，这也为对官的监督提出了难题，尽管我国的监督种类繁多，从总体上讲，不外乎两种监督：一是官的监督（包括党的监督、人大的权力监督、政协的参政监督、媒体的舆论监督、检察院的法律监督等）；二是民的监督（包括群众的个人监督、社会监督等）。

稍加分析，我们便清楚地看到，作为第一种监督，要么本身属于官僚体系的一部分，要么与官有某种密切的联系，在很大程度上起不到监督的作用,这种监督的效率取决于权力最高者的决心和信心,他强调监督或者带头监督,监督的效率会大增,反之则大减;而这种权力最高者并不仅指拥有国家最高权力的领导,应当包括分解到各地或各部门的权力最高者,即通常说的"一把手"。监督体制的核心是监督官员,而监督"一把手"则是官员监督的关键。第二种监督则是一种权力的博弈,官员手中的权力与民众的监督权完全不处在同一个层次和水平,体现出权力的非均衡性和非对称性,也就是说用一种相对弱小的权力去监督一种比较强大的权力(而对这种权力又没有加以必要的限制),显然效果是不言自明的。张维迎教授认为,"一种制度(体制)安排,要发生效力,必须是一种纳什均衡"①。所以,决定一项制度能否构成纳什均衡,最深层的原因就是制度背后的权力格局。权力格局改变了,博弈的收益结构也会相应改变,从而导致博弈的"纳什均衡"发生变化。② 权力监督机制实质上就是一种权力的平衡制约机制,只有权力与权力之间相互平衡,权利与义务相统一,才会收到好的效果。

7.2.2 改革人才选拔机制

人才是国家和社会的栋梁,是推动社会前进的主导因素,能否创造一个有利于人才脱颖而出的环境和制度,是保证国家长盛不衰的先决条件,因此选人用人机制的好坏,就成了政治体制改革的焦点问题。我国现行的选人机制大多采用委任制、任命制和选举制,前两种制度在一定程度上脱离不了"熟人"的裙带关系,被使用者和委任的组织或多或少有着某种联系,甚至紧密联

---

① 张维迎:《博弈论与信息经济学》,上海:上海人民出版社,1996年版,第17页。
② 成志刚、唐俊辉:《保持行政监督制度与权力格局的动态平衡——控制行政权的一条规律》,《中国行政管理》,2008年第5期,第28页。

系，在一定程度上为人事腐败留下了制度上的空隙，使跑官、买官、卖官成为一种可能和现实。选举制往往成为一种形式，并不是真正的大多数人的意志，原因在于候选人的产生和确定往往不是自下而上的群众意志，即使是自下而上的意志也往往还要被自上而下的意志所集中，尽管相对前两种制度更具有民主性，但离真正的群众意志还有一定的距离。相对而言，通过考试的方式选拔人才相对更公平合理，一是摆脱了人员圈层的限制，可以在更广泛的人中选贤任能；二是摆脱了更多的人际关系的羁绊和平衡；三是摆脱了资历、年龄等条件的限制，可以使优秀人才脱颖而出；四是避免了跑官、要官等现象的发生；五是克服了长官意志的左右。因此，对于中国古代的科举制度有加以研究和借鉴的意义，这是人事制度改革的一个良好的方向。

7.2.3 改革议事和决策机制

我国的国家机构实行民主集中制原则，实际上也是议事和决策的机制。有人认为民主就是大家发表意见，集中就是领导拍板定案。这使民主集中制形成两个部分，即民主是形式，集中是实质，无论怎么民主，民主都左右不了集中。因为往往民主是公开的，可以公示，可以让群众广泛参与，而集中是不公开的，更不能公示。这样就使民主与集中成为两个不相对称的部分，民主成为一种过场，最终要被集中所替代。所以，应当将民主和集中统一起来，民主是集中的基础，集中是民主基础上的集中，民主的内容和集中的内容相一致，使民主集中制不仅具有"程序正义"，而且具有"实质正义"；否则就只有实质正义而没有程序正义，没有程序正义就使实质正义背离了其本来的面目。

我国的无产阶级民主实质上是人民民主，人民民主的核心是人民当家作主。"在漫长的封建专制年代，没有民主，只有统治的民主，没有公民权利，只有臣民义务，形成了奴役型文化。由于近百年来民主政治建设的不断挫折和公民教育的缺失，奴役型文化还没有被彻底转换成民主文化。"① 因此，在民主集中制的原则下，应当充分发挥公民参政议政的权利，尤其是农民参政议政能力的培养和养成，使农民真正树立公民意识和宪法意识，成为国家真正的主人。决策和议事机制的改革，无疑会使人民民主发挥更大的优越性，使人们依法享受民主和自由，从而大大加快我国农村民主的法治化进程，为农村社会实现法治化奠定思想基础、提供政治保障。

7.2.4 积极推行村民自治

中共中央1983年10月12日下发了《关于实行政社分开、建立乡政府的通知》，将人民公社体制中的政权组织剥离出来，恢复建立乡政府。1986年9月，中共中央和国务院发出《关于加强农村基层政权建设工作的通知》，对乡以下建立村民委员会组织给予高度重视。1987年11月，全国人大常委会通过了《中华人民共和国村民委员会组织法（试行）》，明确了村民委员会的性质、任务、产生方式、组织原则、活动方式等重大事项。1998年11月4日，全国人民代表大会常务委员会正式通过了《中华人民共和国村民委员会组织法》，该法第二条明确规定："村民委员会是村民自我管理、自我教育、自我服务的基层群众性自治组织，实行民主选举、民主决策、民主管理、民主监督。"这明确了村民委员会的性质、地位和管理方式等重大事项，到2002年全国基本上实现了"村改委"（即由"行政村"改为"村民委员会"的工作的简称），村民自治作为我国政治制

---

① 董颖鑫：《误区与困境：对当前中国政治参与的一种反思》，《中国行政管理》，2008年第4期，第122页。

度设计的重要部分在全国普遍推开。

但是,在实行村民自治的过程中,也还存在许多问题:(1)村民的民主意识的觉醒程度因经济发展差异表现出非常大的不平衡性,经济发展地区的农民民主意识明显要高于经济落后地区的农民。(2)村民民主选举的当家人能否真正代表群众的意愿,往往有一些村官在当选前与群众亲近、代表民意,一旦当选就成为上级政府的"代理人",成为治理村民的工具。(3)"贿选"现象严重,一些村民中的精英(如:个体户、转业军人等)往往因为追逐利益或者"过把官瘾"而采取非正常手段,拉拢选民,使自己当选。(4)破坏选举的现象时有发生,在一些相对发达的农村,"村官"不仅是一种身份,而且也是一种具有巨大潜力的资源,于是一些不是候选人或者是候选人但担心自己被选掉了的人,就会采取各种手段破坏选举,甚至在选举现场演讲、散发传单、撕毁选票等。(5)"村官"利用自己是选举产生的,不是委任的,而间接或直接与乡党委、政府对抗,使上级政府和组织的决策很难落实。

总之,政治体制改革的方向是民主化、法制化和规范化,只有实现了政治民主化和法制化,才能进一步提高人民当家作主的地位,农民的民主意识、参政意识、宪法意识、公民意识、法律意识和个体意识才会大大增强,从而推动农村社会法治化进程的加速和提升。

7.3 提高农民素质是农村社会法治化的条件

我国已实施了四个"五年普法"规划,全国各种媒体的法治节目、栏目日益增多,极大地提高了法律在民众中的"知名度"和地位,取得了很好的效果。但是,在广大农村法制宣传教育还相对比较薄弱,尤其边远贫困的农村更是如此,人们了解法律的途径还很少，特别是对法律技术、法律运作的知识知之甚少。事实上，也可以作这样的理解，我国的法制宣传教育多是实体法的宣传，而缺少对程序法的宣传，使得人们即使认识到自身合法权益受到侵害，也不知道该采取什么样的救济手段，雾里看花似的东奔西跑，在很大程度上只是一种折腾和浪费，加之法律救济手段的实现需要一定的成本，包括经济、时间、精力等成本，使得农民在利用法律武器保护自身合法权益时必须采取谨慎态度，甚至望而却步。这也许是农民在真正寻求法律救济手段之前必然面临的选择和考虑。费孝通先生曾指出："法治秩序的建立不能单靠制定若干法律条文和设立若干法庭，重要的还得看人民怎样运用这些设备。"① 这在很大程度上决定了我国法制宣传教育任重而道远。正如江泽民同志所强调的："一种观念的树立，一种意识的培养，需要一个相当长的过程，要充分认识到法制宣传教育的长期性、艰巨性，并逐步使之制度化、规范化。"②

　　结合农村社会的实际和需要，切实加强农村社会的法制宣传教育，塑造良好的法治人文环境，可以从以下几个方面入手：（1）必须充分利用各种宣传媒介，大力宣传国家法律，尤其是诉讼法的宣传必须进一步加强。（2）积极开展"送法下乡"活动，到农村开展法律咨询、巡回审判、公判大会等活动。（3）积极开展各种学法、用法活动，广泛开展法律知识竞赛、守法护法竞赛等活动。（4）开展农村法治资源的调查、收集整理工作，利用典型案例、典型事件教育群众。（5）把普法活动与扫盲活动、科技服务活动结合起来，利用农村夜校、实用科技讲座等方

---

　　① 费孝通：《乡土中国　生育制度》，北京：北京大学出版社，1998年版，第58页。
　　② 江泽民：《实行和坚持依法治国，保障国家长治久安》，《人民日报》，1996年2月9日，第1版。

式和途径宣传法律。通过多种途径，开展形式多样、内容丰富的法制宣传教育活动，营造良好的法治人文环境，提高农民的法律意识和法治观念，把国家法引入农村社会，树立国家法公平公正的形象。

农村社会要实现法治化，从深层次上还必须依靠农民思想观念的转变，依靠农民良好的法律意识和法治观念，只有农民的法律意识提高了，农村社会的法治化才有可能实现。在我国当前的社会条件下，专业化的法制教育还不可能普及，绝大多数的农民法律素质还很低，农村社会中的法律人才还很稀少，这在一定程度上成了农村社会法治化发展的决定因素之一，是影响农村社会法治化发展的关键因素。所以，必须加强法制宣传教育，拓宽农民了解法律法规的渠道，增加农民的法律知识。一方面要加强国家法律的普及力度，通过电视广播、报纸杂志、墙报等媒介，或者宣传车、法律咨询、法律宣传等形式多样的活动，多渠道、多形式、多层次、多角度、全方位宣传我国的法律法规，营造良好的法治舆论环境，既方便农民群众了解国家法律法规的基本知识，也有利于形成良好的舆论监督环境。另一方面要营造一个好的法制宣传环境，使广大农民群众在耳濡目染的情况下，增长法律知识，提高法律意识，增强学法、守法、用法的信心和决心，从而推动农村社会法治化的发展。

尽管法治已经成为时代的呼声，在意识形态领域里"法治"已经成为一种强势语言，而在人们的思想观念和意识里"法治"的意识还很淡薄，尤其是农民的整体法律素质还十分低下。因为并非每一个社会只要承认、重视、尊重和崇尚法律就是这个社会的人们法律意识强的表现，还应该认真分析更深层次的"法"的价值取向问题，而这种取向是多样的，比如我国古代的法律的取向是"专制而非民主"，其核心是"刑"，即惩罚和镇压，只对被统治阶级有约束力，并且一旦"法"这种工具妨碍其随心所欲地统治的时候,就会将其抛开。① 现代法治不仅要求法律发挥惩罚制裁的工具职能,而且也要求人们自觉自愿地遵守法律,并且牢固树立法律至上的观念和意识。

改革开放以来,随着农村改革的不断深入和经济的持续发展,农民的生活得到了很大的提高,农民从改革开放中得到了实惠,体验到了社会发展进步所带来的优越性,以及党的方针、政策的正确性给一个国家和民族所带来的积极作用,人们正逐步与现代文明的发展相适应和同步。法治作为现代文明的重要组成部分,不仅是一种价值追求,一种行为模式,而且也是一种生活方式,它正在逐步走向农村、走入农户,法律正在走进农民的生活。但是农民对法律的了解和认知程度还很低,法制宣传教育的任务还很繁重。

第一,要进一步拓宽农民了解法律知识的渠道和途径,增加农民的法律知识。当前,农民了解法律的途径十分单一,主要是依靠听人说②,其次是广播电视、报纸杂志、网络等媒体的宣

---

① 周平:《云南少数民族政治文化论》,昆明:云南大学出版社,1995年版,第119页。

② 2003年2月12日中央电视台《今日说法》报道了一个案例:"离婚了,我不知道?"案件发生在黑龙江,一位姓武的农民与其妻婚后感情一直很好。但其妻在回娘家省亲之后被同村另一男子接回,二人并过起了夫妻生活,武某大惑不解。经查,武某的妻子已经一个人独自到村里找婚姻登记员刘某(此时已取消了刘的婚姻登记员资格)办理了离婚手续,后又独自一人办理了与同村另一男子的结婚手续。至此武某大梦初醒,"为什么自己离婚了却不知道?""自己的妻子与人又结婚了,仍然不知道?"更为荒唐的是,离婚证和结婚证都是假的,同村还有几对也领了同样的证书。记者在采访时问村民:"一个人独自到婚姻登记员那儿可以办理结婚和离婚吗?"回答是:"听人说,一个人去可以办。"而婚姻登记员刘某明知自己已经不再具备登记员资格,却为了谋取经济利益,利用过去一直从事这个工作的便利和群众的认可心理,利用假证为人们办理结婚和离婚手续。最后,因武某的困惑不解被告发。

传,比如中央电视台的《今日说法》、《社会经纬》等栏目,地方电视台的《法制大视野》、《法庭直播》、《法制大世界》等栏目,以及《法制日报》、《民主法制》等报纸杂志,对于普及法律知识起到了积极的作用,但是仍然具有很大的局限性。一是在农村电视的普及率还远达不到百分之百,更不用说农民并不一定就喜欢收看法治栏目;二是农民中文盲、半文盲的比例较高,读书看报对其来讲是一个很高的要求;三是由于追求可看性和可读性,往往追求情节的曲折离奇以及故事的趣味性,而对法律知识的普及不够,甚至欠缺;四是注重法律法规名称的普及,而缺乏具体操作性的普及,如:如何起诉,到哪儿去告等程序性问题。

第二,要积极培养农民的守法精神,树立法律至上的观念。法律如果没有被人们自觉地遵守而仅靠国家强制力来保障实施是不可能达到理想的目的的,充其量也就是一种维护秩序和利益的工具,但是法律一旦内化为人们内心的理想和信念,人们不仅会自觉遵守而且还会积极维护其效力和地位,把守法精神进一步提升为护法精神,积极同破坏法律精神的行为作斗争。日本当代著名学者川岛武宜认为:"大凡市民社会的法秩序没有作为主体的个人的守法精神是不能维持的。说个人是法主体是说个人不仅是主体,不仅是他人的手段,而且也是以自己为目的的。法秩序没有法主体者积极自觉地遵守法、维护法的话,法秩序是得不到维持的。因此,为权利而斗争不仅是法秩序成员的权利而且也是其道义上的义务。具有这种性格的法,如果没有守法精神,而仅靠权力,是不能得以维持的。"[①]

守法精神是公民法律信仰通过思想观念的内化之后所表现出来的外在形式,是国家立法、执法和公民学法、用法所要达到的

---

① [日] 川岛武宜:《现代化与法》,北京:中国政法大学出版社,1994年版,第19页。

基本目的,也是建设法治国家的必备条件之一。这种守法精神至少应包含三层含义:(1)守法既是一种权利,也是一种道德义务。(2)守法是一种自觉自愿的行为而不是靠命令的强制,靠国家强力而使人守法只是一种外在强加的义务。(3)所守之法的品格是权利之法、人权之法。① 守法精神是公民法律素质提高的基本表现,只有农民的法律素质提高了,守法精神才会增强,反之,也只有守法精神增强了,农民的法律素质也才会最终提高。

第三,要积极培养宪法意识和公民意识,不断增强农民的主体意识。由于受传统文化的影响,我国公民长期以来缺乏对自身权利的认识,缺乏主体意识和公民意识,在对待权利和义务的关系上,往往重义务而轻权利,认为义务是第一位的,而权利是次要的,人们很难将权利和义务联系起来,更不敢将其对等或等同,认识不到权利义务的相对性和辩证统一性。"中国人的祖先因重农守土而创造出维护安定和谐的'礼治'秩序。中国人一直信仰着充满道德的'礼治'。在'礼治'社会中,人们遵循着仁、义、礼、智、信等古老的训诫,和睦(但未必平等)地生活在一起。西方人的祖先则在频繁的商务往来与竞争中创造出维护公平的法治原则,在法治社会中,人们未必能享受到安定、和谐,但可以享受到或可以争取到应属于个人的那一部分权利。"② 在中西法律文化差异中,不仅表现出人们法律观念的不同,而且也反映出人们对待权利的态度的差别。显然,"在中国传统法律

---

① 钟明霞、范进学:《试论法律信仰的若干问题》,《中国法学》,1998年第2期,第36页。

② 马小红:《法治的历史考察与思考》,《法学研究》,1999年第2期,第31页。

思想中,权利意识极为贫乏,而义务本位的思想却极为丰富"①。

在现代文明社会和法治社会中,权利和义务不仅是相互的,而且也是统一的,没有无权利的义务,也不存在无义务的权利,权利和义务就像一把双刃剑,享受权利的同时必须履行相应的义务,履行义务的时候也必须享受一定的权利。农民法律意识的觉醒首先应当是权利意识和公民意识的觉醒,反映在具体行为中就是敢于用法律维护自身合法权益,敢于抵制破坏法律原则和精神的行为,维护法律的威严和统一。

7.4 依法办事是农村社会法治化的保障

法律的效力和生命在于执行,制定得再完备的法律如果得不到正确的实施,不仅对国家、社会和人民无益,而且还会起到巨大的破坏作用。正如亚里士多德所言,法治应该包括两重含义:一是已经制定的法律获得普遍的服从,二是大家所服从的法律本身是制定得良好的法律。② 从广义上讲,执法包括行政机关依法履行义务和执行法律的规定,以及司法机关的司法活动。从狭义上讲,仅指前者,而后者属于司法活动,属于法律的适用。在社会生活的实际中,无论执法还是司法,最终都体现在能否严格依法办事上,依法办事是现代法治精神的内核,是建设法治国家的前提。

当前,我国政治体制改革和法治化建设的推进都取得了巨大的成绩,依法行政、依法办事正成为行政机关和司法机关的忠实信条。但是也还存在很多问题:(1)执法不严,在执法中歪曲

---

① 王宵燕、肖明:《中国传统法律意识的现代化》,《山西大学学报》(哲社版),2001年第1期,第33页。

② 亚里士多德:《政治学》,第199页。转引自田成有等编《启蒙与抗争——西方法律思想选言》,昆明:云南大学出版社,1999年版,第12页。

甚至扭曲法律的规定,使法治的精神得不到张扬。(2)有法不依,徇私枉法、枉法裁判的事例时有发生。(3)腐败现象严重,严重损害法律面前人人平等的原则和法律公平、正义的形象。(4)执法人员素质参差不齐,不能很好地理解和执行法律,而往往凭借经验和惯例处理法律问题。(5)执法机构条块分割严重,形不成统一协调的执法机制。(6)司法独立的程度不高,司法公正缺乏制度保障和运作的空间。

因此,严格依法办事,严格执法,树立司法的权威,是当前农村社会法治化的重要任务。农民只有通过对执法效果的感性认识以后,切实感受到司法机关、行政机关及其公职人员,甚至党群组织的公职人员,树立严格的法治理念,严格依法办事,才会对法律作出理性的判断,才会真心诚意地信服法律,才能更好地理解法律的精神和增强对法律的认同感,也才能自觉自愿地拥护法律,把对法律的服从转化为对法治的信仰,成为内心一种坚定的、自觉的信念。正如伯尔曼所言:"法律必须被信奉,否则就不会运作;不仅涉及理性和意志,而且涉及感情、直觉和信仰,涉及整个社会的信奉。"[①]

7.5 精神文明建设是农村社会法治化的载体

我国是一个历史悠久的文明古国,素有"礼仪之邦"的美誉。我们的祖先,曾以自己创造的物质文明影响和推动着人类的历史进程,也曾以自己高尚的道德情操影响和推动着人类精神世界的建设。农村社会主义精神文明建设是农村法治化建设的重要

---

① 伯尔曼:《法律与革命——西方法律传统的形成》,序言第3页。转引自田成有等编《启蒙与抗争——西方法律思想选言》,昆明:云南大学出版社,1999年版,第58页。

组成部分，只有精神文明与法治建设同步发展了，才能真正实现法治公平、正义和自由的价值。农村社会主义精神文明建设的好坏，不仅关系到为农村法治建设创造一个什么样的环境的问题，而且也为农村法治化建设提供思想基础和智力支持。

加强农村社会主义精神文明建设，提高农民的综合素质是实现农村社会法治化的重要途径，确保农村精神文明建设与物质文明建设同步，不仅是保障我国农村经济持续、稳定、健康发展的重要前提，而且也是建设社会主义法治国家的必由之路。在农村社会法治化进程中，必须以农村社会主义精神文明建设为突破口，通过提高农民的综合素质来推动农村社会主义法治建设。当前，要使农村社会主义精神文明建设更好地为农村法治化建设服务，必须重点抓好以下几个方面的工作：

第一，开展以家庭美德为核心的社会主义道德教育。在农村，家庭是主要的生产单位和社会组织的基本细胞，在开展以"文明礼貌、助人为乐、爱护公物、保护环境、遵纪守法"的社会公德教育的同时，要以家庭美德为核心，积极开展"尊老爱幼、男女平等、夫妻和睦、勤俭持家、邻里团结"为主要内容的家庭美德教育，鼓励人们在做一位好公民的同时，也要做一个家庭好成员。由于我国长期以来都是一个伦理型社会，在现阶段尤其对农村的影响仍然很强，因此，人们认为中国是一个"礼俗"社会，在这种社会中，道德、情感、风俗和习惯等规范的作用要远远大于法律。所以，在一定程度上讲，加强了道德建设就等于加强了法治，道德文明的程度直接体现法治化的程度。而在农村地区，社会公德最终可以通过家庭美德来体现，一个富有家庭美德的人一定也是具有社会公德的人，而职业道德只实用于特定的职业群体，对农民而言没有必要。诚然，农村道德建设应该以家庭美德为核心，确保中心突出，抓住要害。

近年来，由于受到商品经济的影响，人们的商品经济意识逐步增强，这是改革开放在人们思想观念上取得的一大成果，是一个巨大的进步，但其负面影响也大量存在，人们的道德伦理水平有所下降，应当引起重视和关注。比如赡养、抚养、扶养案件增多①，虐待老人、妇女和实施家庭暴力的情况十分突出，贩卖毒品和农民工犯罪等问题日益突出。"据有关资料显示，甘肃省1996年抓获制贩毒品犯罪分子2 794人，其中农民和社会闲散人员2 066人，占74.4%，在云南省抓获的甘肃籍贩毒分子中有94%是农民，攀枝花市是国际毒贩所谓的'四川通道'的必经之地，该市毒品犯罪成员中的农民占78.4%；贵州省毕节地区贩毒人员中也以农民居多，占70%以上，安顺市马关村49户农民，因贩毒被查处41人，盘县蚂蚁乡两个村80%以上的农民靠贩毒为生。"② "据武汉市1996年的统计显示，在安顺市517万常住人口中，抓获刑事作案人员5 111人，占常住人口总数的0.98‰，但在47万进城农民中，抓获行事作案人员2 544人，占进城农民总数的5.4‰，也就是说，进城农民的违法犯罪率是常住人口违法犯罪率的5.4倍。"③

因此，加强道德教育，尤其是家庭美德教育是抑制农民违法

---

① 赵仕杰：《云南省高级人民法院工作报告》，《云南日报》，2003年1月27日。该报告在总结全省法院审理的案件反映出的问题有五个：一是毒品犯罪突出；二是犯罪表现出类型多样化、主体低龄化、活动跨地域化和手段智能化四个特点；三是市场经济活动中违法违规行为突出；四是"三养"（赡养、抚养、扶养）案件数量逐年上升；五是执法环境需要进一步改善。

② 张浪亭：《对当前农民中毒品犯罪的思考》，载中国警察学会编《当前中国农民中的犯罪研究论文集》，北京：中国人民公安大学出版社，1998年版，第295—296页。

③ 龚维城、陈仕嵩：《对进城农民违法犯罪情况的调查》，载中国警察学会编《当前中国农民中的犯罪研究论文集》，北京：中国人民公安大学出版社，1998年版，第424—425页。

犯罪的有效途径，也是农村社会主义精神文明建设的重要内容。当然，减少农民违法犯罪的根本还在于大力发展农村经济，使农民逐步脱贫致富，要始终坚持"两手抓、两手都要硬"的方针，使农村物质文明和精神文明同步发展。

第二，开展以农业实用技术为重点的科技文化教育活动。对于整个社会而言，工业化和城镇化是发展的必然趋势，在21世纪还将表现出全球化、信息化等特征，但对于农村社会而言，农业仍然具有根本性的地位，是农民赖以生存和发展的基础。因此，要针对农村的实际，有针对性地开展以实用技术为主的科技文化教育活动，一方面既可以达到扫除文盲的目的，又可以将实用的农业技术传授给农民；另一方面既可以将党的方针、政策通过技术培训的方式传达给农民，又可以帮助农民脱贫致富，具有事半功倍的效果。

所以，要通过"农民夜校"、"实用技术培训班"、"文化科技下乡"等多种形式，多渠道、多方位地开展农民的文化科技培训工作。只有农民的文化素质提高了，才能更好地学习科技知识和法律知识，才能更快地脱贫致富奔小康。农村经济繁荣了，农民的生活富裕了，精神生活也才会更加充实，才能更好地激励农民以更大的热情投入社会主义现代化建设，农村社会法治化建设的希望和理想才会逐步走向现实。

第三，开展以文明进步为主题的农村文化建设活动。农村社会中不乏文化资源和传统，只是如何挖掘和利用的问题，应当将农村社会中的传统文化资源与现代的文化资源结合起来，积极倡导文明进步的生活方式，逐步提升农民的生活质量和水平。一是要加强农村思想建设，用社会主义思想教育广大农民，依靠社会道德的内在力量，调节农村社会的各种思想社会关系，引导农民正确认识社会，分清是非，树立正确的人生观、价值观和世界观；二是要加强农村文化建设，充分发挥农村文化建设对农民的教育功能，鼓励有条件的地方积极兴建文化设施,大力兴办文化事业,因时因地开展积极、健康、向上的各种文化娱乐活动,充实和丰富农民的精神生活,满足农民群众日益增长的文化需求;三是要提倡崇尚科学、反对封建迷信,教育农民树立正确的理想和信念,引导农民尊重知识、科学致富,充分调动农民学习科学文化知识的积极性;四是要加大农村教育投入,改善农村的文化教育条件,增加教育设施,加强对农村青少年的文化教育;五是要积极挖掘民族民间文化资源,大力培植具有平民特色的民众文化,尤其是民众法律文化。

总之,我国农村社会的法治化进程将是一个漫长的过程,只有在分析我国农村社会现状的基础上,充分认识我国的农民和农村问题,才能更好地认识我国农村社会的法治化之路,才能更全面地认识我国的社会主义现代化建设和建设社会主义法治国家的战略目标。我们相信,在党的领导下,随着农村改革的深入发展,我国农村社会必将更加繁荣稳定,一定能够实现农村社会的法治化发展。

后 记

在人类社会的发展变迁中，离不开规则的约束与治理，法律作为最常见的规则体系，表现出多元化的形态，认真分析农村社会中国家法与民间法的关系，认真梳理民间法的演变与发展，对于建设社会主义法治国家、更好地塑造和完善国家法的地位与权威、认清农村社会法治化建设的艰巨性，都具有十分重要的意义。本书最终的目的是要说明民间法在与国家法的互动中，展示了人类文化或者人类自身发展演变的历程，是为了更好地认清规则的由来与演变，在社会生活发展变迁的实际中挖掘传统法治资源，展示璀璨的法律文化，从而更好地构建国家法，树立国家法的权威，积极探索、开创农村社会法治化建设的新思路、新途径。

本书以农村社会法治化建设为主线，以国家法和民间法为分析的进路和视角，就农村社会法治化建设中的相关问题展开分析论证，作了一些有益的探索：一是以一种新的视角和进路探索农村社会法治化建设问题，力图分析制约农村社会法治化建设的深层次问题，以规则和秩序的形成为分析路径，克服了以往以社会现象为论题、以经济为基础的分析模式；二是人文关怀是本书的一个重要的立足点和出发点，是人的需要产生了社会需要，在社会需要的基础上产生了规则和秩序，而不是规则和秩序产生了社会需要，研究法治道路不是就法治论法治，而最终关注的是人和人类自身的发展；三是分析了国家法在农村社会中的局限性，改变了纯粹从理论上分析国家法自身的缺陷而无实际的带有特殊性的分析；四是系统地梳理了民间法的定义、内容、渊源等问题，更深入地分析了民间法的基本重大理论问题，克服了把民间法作为一个概念使用而没有深入分析具体的民间法理论问题，提升了民间法研究的理论深度和价值；五是具体分析了国家法与民间法冲突和互动的模式，并用实例加以分析说明，使国家法与民间法的关系具体化，在改造和重塑民间法的同时，树立国家法的权威，构建以国家法为主导的社会主义法治国家，提升了对国家法与民间法关系的研究。

事实上，法学研究是人自身在研究人，法律是人自己在不断约束和控制自己，这是法学研究的主要方法论取向。法律不仅是国家的，而且也应该是社会和人的，因此，应该把法律放在国家、社会和公民的框架内来展开，以一种更加开放的姿态和广阔的视野来加以研究，而不是把法律局限在国家领域，仅仅把其当做统治的工具和手段来加以研究。

本书所作的仅是一个初步的探讨，但对于完整理解农村社会的法治化建设，理清民间法的渊源和内容，准确定位民间法的地位，全面认清民间法与国家法的互动关系，挖掘、凝练现实社会中的法治资源，探寻法律文化的多样形态，以及更好地认识人类社会自身的发展变迁和规则的由来，都具有十分重要的学术理论意义和实践价值，对于法学研究视野的扩大和促进跨学科的交叉研究也具有很好的借鉴意义。

本书是笔者2001年攻读清华大学法学硕士学位的论文选题，成稿于2003年，其中的主要内容作为硕士论文进行了答辩，获得了专家的鼓励和好评。尽管时间已经过去了6年，但将其付印成书的想法一直盘旋在脑海中，书稿也一直沉睡在电脑里。经过反复的修改，在云南大学出版社和纳文汇编审的支持下，得以呈现在读者面前，喜悦和感激之情无法言表，这不仅是我个人思考和汗水的结晶，也是出版社和编辑辛勤劳作的果实。

　　由于笔者水平的限制，书中不乏稚嫩和不成熟之处，错误和不当也在所难免，敬请读者批评指正，不吝赐教，此乃学术繁荣之道，也是笔者的期盼。

　　我相信，在伟大的中国共产党的领导下，随着社会主义新农村建设步伐的加快，我国农村社会法治化的进程也必将走得更加坚实，农村社会法治化建设必将开出灿烂之花，结出累累硕果。

作者

2009 年 10 月

参考文献

一、著作类

[1] [德] 奥特弗利德·赫费著,庞学铨、李张林译:《政治的正义性》,上海译文出版社1998年版。

[2] [英] 阿蒂亚著,范悦等译:《法律与现代社会》,辽宁教育出版社1998年版。

[3] [美] 昂格尔著,吴玉章、周汉华译:《现代社会中的法律》,译林出版社2001年版。

[4] [美] 波斯纳著,苏力译:《道德和法律理论》,中国政法大学出版社2001年版。

[5] [美] 波斯纳著,苏力译:《法理学问题》,中国政法大学出版社2002年版。

[6] [美] E.博登海默著,邓正来译:《法理学:法律哲学与法律方法》,中国政法大学出版社1999年版。

[7]《邓小平文选》1、2、3卷,人民出版社1993年版。

[8] 费孝通:《乡土中国 生育制度》,北京大学出版社1998年版。

[9]《江泽民论"三个代表"》,中央文献出版社2001年版。

［10］贾德裕等主编：《现代化进程中的中国农民》，南京大学出版社 1998 年版。

［11］［法］卢梭著，何兆武译：《社会契约论》，商务印书馆 1997 年版。

［12］［美］罗尔斯著，何怀宏、何包钢译：《正议论》，中国社会科学出版社 1988 年版。

［13］［美］罗尔斯著，张晓辉等译：《万民法》，吉林人民出版社 2001 年版。

［14］梁治平编：《法律的文化解释》，生活·读书·新知三联书店 1994 年版。

［15］梁治平：《清代习惯法：社会与国家》，中国政法大学出版社 1996 年版。

［16］梁治平：《寻求自然秩序中的和谐——中国传统法律文化研究》，中国政法大学出版社 1997 年版。

［17］李佐军：《中国的根本问题——九亿农民何处去》，中国发展出版社 2000 年版。

［18］李成贵：《中国农业政策——理论框架与应用分析》，社会科学文献出版社 2007 年版。

［19］李楯编：《法律社会学》，中国政法大学出版社 1998 年版。

［20］《马克思恩格斯选集》1、2、3、4 卷，人民出版社 1972 年版。

［21］《毛泽东选集》1、2、3、4、5 卷，人民出版社 1967 年版。

［22］［德］马克斯·韦伯著，甘阳等译：《民族国家与经济政策》，生活·读书·新知三联书店 1997 年版。

［23］［德］马克斯·韦伯著，林荣远译：《经济与社会》（上、下卷），商务印书馆 1998 年版。

[24] 农业部农村经济研究中心、当代农业史研究室编:《当代中国农业变革与发展研究》,中国农业出版社1998年版。

[25] 孙达人:《中国农民变迁论》,中央编译出版社1996年版。

[26] 苏力:《法治及其本土资源》,中国政法大学出版社1996年版。

[27] 苏力:《送法下乡——中国基层司法制度研究》,中国政法大学出版社2000年版。

[28] 文正邦:《当代法哲学研究与探索》,法律出版社1999年版。

[29] 王铭铭、[英]王斯福主编:《乡土社会的秩序、公正与权威》,中国政法大学出版社1997年版。

[30] 王沪宁:《当代中国村落家族文化——对中国社会现代化的一项探索》,上海人民出版社1991年版。

[31] 王学辉:《从禁忌习惯到法起源运动》,法律出版社1998年版。

[32] 夏勇主编:《走向权利的时代——中国公民权利发展研究》,中国政法大学出版社1999年版。

[33] 谢晖、陈金钊主编:《民间法》(第1卷),山东人民出版社2002年版。

[34] 周沛:《农村社会发展论》,南京大学出版社1998年版。

[35] 张中秋:《中西法律文化比较研究》,南京大学出版社1999年版。

[36] 朱光磊等著:《当代中国社会各阶层分析》,天津人民出版社1998年版。

[37] 中国警察学会编:《当前中国农民中的犯罪研究论文选》,中国人民公安大学出版社1998年版。

[38] 卓泽渊：《法治泛论》，法律出版社2001年版。

[39] 胡鞍钢：《中国：民生与发展》，中国经济出版社2008年版。

[40] 马长山：《国家、市民社会与法治》，商务印书馆2002年版。

二、论文类

[1] 陈敬刚：《国家法与民间法二元构建及其互动之思考》，载《河北法学》2000年第4期，第15—17页。

[2] 杜承铭：《论社会转型期乡土社会的法治》，载《社会主义研究》2001年第4期，第94—97页。

[3] 方慧：《少数民族传统美德与民族地区民主法制建设——以云南省通海县兴蒙乡蒙古族为例》，载《云南社会科学》2002年第6期，第58—60页。

[4] 高其才：《中国少数民族习惯法论纲》，载《中南民族学院学报》（哲社版）1994年第3期，第48—52页。

[5] 胡鞍钢：《中国基本国情的三大特点》，载《党政干部文摘》2002年第11期，第34—35页。

[6] 马存利、李晨：《民间法初探》，载《河南省政法管理干部学院学报》2001年第2期，第98—100页。

[7] 孙立平：《我们在开始面对一个断裂的社会？》，载《战略与管理》2002年第2期，第9—15页。

[8] 谭岳奇：《民间法：法律的一种民间记忆》，载《华东政法学院学报》2001年第5期，第51—56页。

[9] 田成有：《论国家制定法与民族习惯法的互补与对接》，载《现代法学》1996年第6期，第101—105页。

[10] 田成有、李朝开、王鑫：《人类学眼中的云南少数民

族法文化》，载《云南学术探索》1998年第3期，第79—84页。

[11] 田成有：《乡土社会中的国家法与民间法》，载《思想战线》2001年第5期，第81—86页。

[12] 王学辉：《双向构建：国家法与民间法的对话与思考》，载《现代法学》1999年第1期，第56—58页。

[13] 汪公文、王世声：《民间法的传统精神及其双重性格》，载《甘肃政法学院学报》1999年第4期，第16—21页。

[14] 汪公文：《民间法的话语演变及其相关范畴的理解》，载《兰州商学院学报》2000年第3期，第108—110页。

[15] 王勇：《国家法和民间法的现实互动与历史变迁——中国西部司法个案的透视》，载《西北师大学报》（社科版）2002年第4期，第115—120页。

[16] 尤陈俊：《法治的困惑：从两个社会文本开始的解读》，载《法学》2002年第5期，第6—13页。

[17] 尹伊君：《文明进程中的法治与现代化》，载《法学研究》1999年第6期，第3—16页。

[18] 张晓辉、王启梁：《民间法的变迁与作用——云南25个少数民族村寨的民间法分析》，载《现代法学》2001年第5期，第30—38页。

[19] 张鸿雁：《农村人口都市化与社会结构变迁新论——孟德拉斯〈农民的终结〉带来的思考》，载《民族研究》2002年第1期，第26—34页。

[20] 张洪涛：《社会学视野中的法律与习惯》，载谢晖、陈金钊主编《民间法》（第2卷），济南：山东人民出版社，2003年版，第56—72页。

[21] 董颖鑫：《误区与困境：对当前中国政治参与的一种反思》，载《中国行政管理》2008年第4期。

[22] 邓正来：《中国法学向何处去——对苏力"本土资源"

的批判》,载《政法论坛》2005 年第 3 期。

[23] 张芝梅:《〈送法下乡〉:一个读本》,载《中国社会科学》2002 年第 3 期。

[24] 伍玉功:《农村法治建设的三个冲突与出路》,载《求索》2007 年第 6 期。

[25] 卓泽渊:《中国现代法治的反思》,载《政法论坛》2007 年第 3 期。

[26] 王彬:《国家与社会:民间法的研究范式——基于问题的中国性》,载《湖南公安高等专科学校学报》2007 年第 1 期。